Süße Kindheits-
träume

Unser Verlagsprogramm finden Sie unter
www.christian-verlag.de

Produktmanagement: Annemarie Heinel
Textredaktion: Monika Judä
Korrektur: Petra Tröger
Layout und Satz: VerlagsService Gaby Herbrecht, Mindelheim
Umschlaggestaltung: Caroline Daphne Georgiadis, Daphne Design unter Verwendung eines Fotos von Nicolas Leser
Repro: Repro Ludwig, Zell am See
Herstellung: Bettina Schippel

Text und Rezepte: Ulrike Skadow
Fotografie: Nicolas Leser
Foodstyling: Ulrike Skadow

Gesamtherstellung Verlagshaus GeraNova Bruckmann GmbH

Alle Angaben in diesem Werk wurden von der Autorin sorgfältig recherchiert und auf den aktuellen Stand gebracht sowie vom Verlag geprüft. Für die Richtigkeit der Angaben kann jedoch keinerlei Haftung übernommen werden. Für Hinweise und Anregungen sind wir jederzeit dankbar. Bitte richten Sie diese an:
Christian Verlag
Postfach 400209
80702 München
E-Mail: lektorat@verlagshaus.de

Die Deutsche Nationalbibliothek verzeichnet diese Publikation in der Deutschen Nationalbibliografie; detaillierte bibliografische Daten sind im Internet über http://dnb.d-nb.de abrufbar.

ISBN 978-3-86244-266-9

Bildnachweis:
Alle Fotos stammen von Nicolas Leser, außer:

Shutterstock (www.shutterstock.com): S. 110 (David Koloechter); S. 87 oben (dimitris_k); S. 27 oben, 61, 72 beide, 87 unten, 120 oben (Elzbieta Sekowska); S. 101 oben (Everett Collection); S. 169 (filmfoto); S. 27 unten (frescomovie); S. 76 (Heike Brauer); S. 22, 88, 130 (Istomina Olena); S. 82 (KAMONRAT); S. 33 (kavring); S. 172, 176 oben (K. Jensen); S. 107 (LiliGraphie); Blumen Seitenzahl, S. 1, 5, 26, 40/41, 72, 86, 100/101, 120/121, 138, 158, 177 (lozas); S. 4 (Marco Govel); S. 112 (Pallando); S. 20/21 (Stormolino); S. 159, 160, 177 (Victorian Traditions)

Fotolia (www.fotolia.com): Spitzenborte S. 4/5, 12/13, 26/27, 40/41, 60/61, 72/73, 86/87, 92/93, 100/101, 120/121, 132/133, 138/139, 154/155, 158/159, 176/177 (keiry)

Bildagentur Picture Alliance, Frankfurt a.M.: S. 11 oben, 26, 40, 73, 100, 101 unten, 120 unten, 138, 139, 142, 146, 174 (akg-images); S. 117 (akg-images/Cordia Schlegelmilc); S. 41 unten (akg-images/Hilbich); S. 176 unten (Brigitta Hengstermann); S. 90 (dpa/Brandt); S. 158 unten (dpa-Report/Lothar Heidtmann); S. 58 (Helga Lade/D.Rose); S. 158 oben (Klaus Karich); S. 14 (Manfred Rehm); S. 121 (Mary Evans Picture Library); S. 34, 70 (MAXPPP); S. 104 (ZB/dpa-Bildfunk/Jens_Kalaene); S. 11 unten, 41 oben, 86 (ZB/Patrick Pleul)

Umschlag:
Vorderseite: Nicolas Leser
Rückseite: Foodfotos Nicolas Leser; Riesenrad shutterstock/dimitris_k; Schaufenster picture alliance/akg-images

Vorwort

Sehnsüchtig denke ich auch heute noch oft an meine Kindheit zurück: an den Weihnachtsstollen meiner Großmutter, an Mutters Kartoffelpuffer mit frischem Apfelkompott, auf die wir Kinder uns nach der Schule ausgehungert stürzten, sowie an all die köstlichen Torten und Kuchen, die jedes Jahr zu den Geburtstagen unserer sechsköpfigen Familie gebacken wurden.

Ich hatte das Glück, auf dem Land aufzuwachsen. Ein großer Garten mit vielen Obstbäumen, Johannisbeer- und Stachelbeersträuchern, Mirabellen, Erdbeeren und Rhabarber ließ meine Geschwister und mich von klein auf an den Freuden des Kochens, Backens und Einmachens teilhaben. Das Ernten (und natürlich Naschen) der reifen Früchte und ihre Verwandlung in himmlische Kuchen, Torten, Desserts oder andere Süßpeisen gehörten für uns zu den schönsten Augenblicken unserer Kindheit.

Jede Jahreszeit brachte ihre besonderen Rezepte mit sich: Im Frühling und zu Sommerbeginn wurde Rhabarberkuchen gebacken, Erdbeermarmelade und Rote Grütze gekocht, im Hochsommer sammelten wir wilde Brombeeren und erfrischten uns mit Kaltschalen und Eis. Im Spätsommer und Herbst ging es schließlich ans Pflücken der Äpfel, Birnen, Pflaumen, Mirabellen und Holunderbeeren, die im Handumdrehen zu saftigen Kuchen verarbeitet oder für die karge Winterzeit eingemacht wurden.

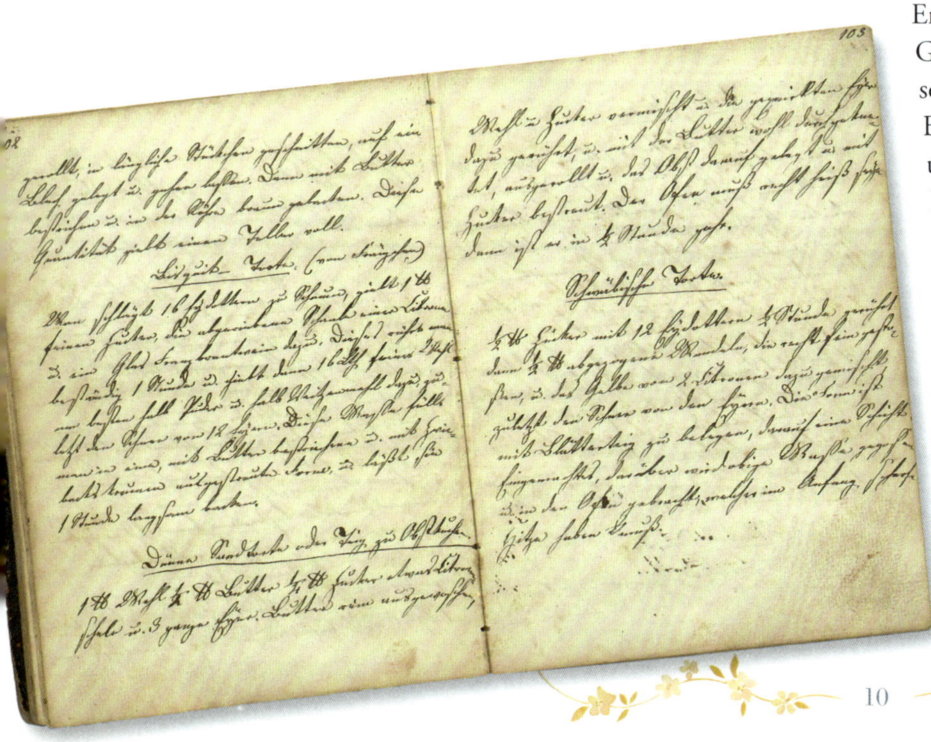

Im Keller stapelten sich die Flaschen mit Apfel- und Holunderbeersaft, die Regale füllten sich mit Pflaumen-, Mirabellen- und Birnenkompott und daneben, auf Zeitungspapier gebettet, lagen reihenweise Äpfel, schrumpelten vor sich hin und wurden mit der Zeit immer süßer. So kamen bei uns auch mitten im kalten Winter köstlich fruchtige Speisen wie Holunderbeersuppe mit Grießklößchen oder Bratäpfel auf den Tisch. Und schließlich kam der von uns Kindern das ganze Jahr über ersehnte Augenblick: der erste Advent, die Weihnachtszeit begann. Der Stollen wurde angeschnitten, Pfefferkuchen, Elisenlebkuchen, Vanillekipferl und andere Herrlichkeiten füllten die Plätzchenteller und waren im Nu wieder verschwunden.

All diese wundervollen Erinnerungen und Rezepte aus meiner Kindheit begleiten mich bis heute. Die folgende Rezeptesammlung, die jeder mit seinen persönlichen Erinnerungen bereichern kann, soll dazu beitragen, unsere süßen Kindheitsträume nicht in Vergessenheit geraten zu lassen.

Ulrike Skadow

Süßes für Gäste und Feste

Zwetschgenkuchen

FÜR 1 TARTEFORM (Ø 30 CM)

250 g Mehl
100 ml lauwarme Milch
10 g frische Hefe
50 g Zucker plus 2 EL zum Bestreuen
50 g sehr weiche Butter, mehr für die Form
1 Ei
abgeriebene Schale von ½ unbehandelten Zitrone
1 Prise Salz
1 kg reife Zwetschgen

- Das Mehl in eine Schüssel geben und in die Mitte eine Vertiefung drücken. Die Milch mit der zerbröckelten Hefe und 1 Teelöffel Zucker in die Mehlmulde geben und mit etwas Mehl vom Rand zu einem dickflüssigen Teig verrühren. Den Vorteig abgedeckt an einem warmen Ort ohne Zugluft 15 Minuten gehen lassen, bis sich sein Volumen verdoppelt hat.

- Den restlichen Zucker, Butter, Ei, Zitronenschale und Salz zum Vorteig geben und alle Zutaten so lange kneten, bis ein elastischer Teig entstanden ist, der sich vom Schüsselrand löst. 1–2 Stunden wie oben beschrieben gehen lassen.

- Die Zwetschgen waschen, der Länge nach halb aufschneiden, ohne die beiden Hälften zu trennen, und entsteinen. Den Teig kurz durchkneten und in die gefettete Tarteform drücken, dabei einen kleinen Rand bilden. Die Zwetschgen kreisförmig und sich leicht überlappend auf dem Teig anordnen. Den Teig abgedeckt weitere 15 Minuten gehen lassen.

- Den Backofen auf 180 °C vorheizen. Den Zwetschgenkuchen 20–30 Minuten backen. Mit Zucker bestreuen und den Kuchen weitere 5 Minuten im abgeschalteten Backofen ruhen lassen. (Wenn sich zu viel Pflaumensaft bildet, etwas davon abschöpfen.) Den Zwetschgenkuchen nach Belieben warm oder kalt servieren und Schlagsahne dazu reichen.

Kirschwähe

FÜR 1 GRATINFORM
(Ø 28 CM)

FÜR DEN HEFETEIG

250 g Mehl
125 ml lauwarme Milch
15 g frische Hefe
40 g Zucker
40 g sehr weiche Butter, mehr für die Form
1 kleines Ei
abgeriebene Schale von ½ unbehandelten Zitrone
1 Prise Salz

FÜR DEN BELAG

600 g Sauerkirschen, entsteint
4 Eier
4 EL Zucker
250 ml Sahne
Puderzucker zum Bestauben

- Das Mehl in eine Schüssel geben und in die Mitte eine Vertiefung drücken. Die Milch mit der zerbröckelten Hefe und 1 Teelöffel Zucker in die Mehlmulde geben und mit etwas Mehl vom Rand zu einem dickflüssigen Teig verrühren. Den Vorteig abgedeckt an einem warmen Ort ohne Zugluft 15 Minuten gehen lassen, bis sich sein Volumen verdoppelt hat.

- Den restlichen Zucker, Butter, Ei, Zitronenschale und Salz zu dem Vorteig geben und alle Zutaten so lange kneten, bis ein elastischer Teig entstanden ist, der sich vom Schüsselrand löst. 1–2 Stunden wie oben beschrieben gehen lassen.

- Die Tarteform fetten. Den Backofen auf 180 °C vorheizen. Den Hefeteig kurz durchkneten, dann gleichmäßig in die Form drücken; dabei einen 3 Zentimeter hohen Rand bilden.

- Die Kirschen auf dem Teig verteilen. Die Eier mit dem Zucker verquirlen, die Sahne unterrühren. Die Eiersahne über die Kirschen gießen. Den Kuchen 30–35 Minuten backen. Die Kirschwähe noch warm mit Puderzucker bestauben und sofort servieren.

Die Wähe schmeckt auch sehr gut mit Heidelbeeren, Brombeeren, Blaubeeren oder reifen, in Spalten geschnittenen Birnen.

Gedeckter Apfelkuchen

FÜR 1 SPRINGFORM
(Ø 22 CM)

FÜR DEN MÜRBETEIG

300 g Mehl, mehr zum Ausrollen
1 Prise Salz
1 Ei
100 g Zucker
200 g kalte Butter, mehr für die Form
abgeriebene Schale von 1 unbehandelten Zitrone

FÜR DIE FÜLLUNG

1,5 kg säuerliche Äpfel (z.B. Boskop)
50 g Rosinen
je 50 g Nüsse und Mandeln, gehackt
100 g Zucker
1 TL gemahlener Zimt
2 EL frischer Zitronensaft

FÜR DEN GUSS

125 g Puderzucker
1 EL frischer Zitronensaft

- Mehl und Salz mischen, auf die Arbeitsfläche sieben und dabei aufhäufen. Eine Mulde in die Mitte drücken, das Ei hineingeben und den Zucker darüberstreuen. Die klein gewürfelte Butter mit der Zitronenschale auf dem Mehl verteilen. Alle Zutaten schnell zu einem glatten Teig verkneten. Den Teig in Klarsichtfolie gewickelt 30 Minuten im Kühlschrank ruhen lassen.

- Die Äpfel schälen, halbieren, entkernen und würfeln. Apfelwürfel, Rosinen, Nüsse, Mandeln, Zucker, Zimt und Zitronensaft in einen Topf geben. 5 Esslöffel Wasser zufügen, zum Kochen bringen und 10 Minuten bei schwacher Hitze dünsten, dabei ab und zu umrühren. Die Äpfel ganz abkühlen lassen. Den Backofen auf 190 °C vorheizen.

- Zwei Drittel des Mürbeteiges auf bemehlter Arbeitsfläche rund ausrollen (die Teigplatte soll etwas größer als die Springform sein). Den Teig in die gefettete Springform legen, einen 5–6 Zentimeter hohen Rand bilden, leicht andrücken und die Apfelfüllung gleichmäßig darauf verteilen. Den restlichen Mürbeteig in Größe der Springform rund ausrollen, auf die Füllung legen und mehrmals einstechen. Die Teigränder leicht zusammendrücken. Den Apfelkuchen 45–50 Minuten backen.

- Puderzucker, Zitronensaft und 1–2 Esslöffel kaltes Wasser verrühren und den noch heißen Kuchen damit bestreichen. Den Rand der Springform lösen und den Kuchen abkühlen lassen.

Erdbeerkuchen

FÜR 1 TARTEFORM
(Ø 24 CM)

FÜR DEN MÜRBETEIG
200 g Mehl, mehr zum Ausrollen
1 Prise Salz
1 kleines Ei
75 g Zucker
100 g kalte Butter, mehr für die Form

FÜR DIE VANILLECREME
1 Vanilleschote
250 ml Milch
3 Eigelb
50 g Zucker
20 g Mehl

FÜR DEN BELAG
600 g reife Erdbeeren, gewaschen und halbiert
3–4 EL rotes Johannisbeergelee

- Mehl und Salz mischen, auf die Arbeitsfläche sieben und aufhäufen. Eine Mulde in die Mitte drücken, das Ei hineingeben und den Zucker darüberstreuen. Die klein gewürfelte Butter auf dem Mehl verteilen. Alle Zutaten schnell zu einem glatten Teig verkneten. In Klarsichtfolie gewickelt 30 Minuten im Kühlschrank ruhen lassen.

- Die Vanilleschote längs aufschneiden, das Mark herausschaben und beides mit der Milch aufkochen lassen. Die Vanilleschote entfernen. Das Eigelb mit dem Zucker schaumig schlagen, das Mehl untermischen. Die heiße Vanillemilch langsam unterrühren.

- Die Vanillemasse zurück in den Topf gießen. Bei schwacher Hitze und unter ständigem Rühren kurz aufkochen und eindicken lassen. In einer Schüssel abkühlen lassen, ab und zu umrühren. Den Backofen auf 200 °C vorheizen.

- Den Teig auf bemehlter Arbeitsfläche in Größe der Tarteform ausrollen, in die gefettete Form legen und leicht andrücken. Mit Backpapier und Hülsenfrüchten bedecken und 15 Minuten blindbacken. Hülsenfrüchte und Backpapier entfernen und den Teig etwa 15 Minuten bei 180 °C hellbraun backen. In der Form abkühlen lassen, dann vorsichtig auf einen Kuchenteller setzen.

- Die Vanillecreme gleichmäßig auf den Tortenboden streichen und die Erdbeeren kreisförmig darauf verteilen. Das Gelee erhitzen, bis es flüssig ist, etwas abkühlen lassen, dann die Erdbeeren damit bestreichen.

Stachelbeerkuchen

FÜR 1 SPRINGFORM ODER
1 TARTEFORM
MIT HÖHEREM RAND
(Ø 24 CM)

FÜR DEN MÜRBETEIG

150 g Mehl, mehr zum Ausrollen
1 Prise Salz
1 kleines Ei
50 g Zucker
75 g kalte Butter, mehr für die Form

FÜR DIE FÜLLUNG

500 g vollreife Stachelbeeren
3 Eier
75 g Zucker
250 ml saure Sahne (ersatzweise Schmant oder Quark)

- Mehl und Salz mischen, auf die Arbeitsfläche sieben und dabei aufhäufen. Eine Mulde in die Mitte drücken, das Ei hineingeben und den Zucker darüberstreuen. Die Butter in kleine Würfel schneiden und auf dem Mehl verteilen. Alle Zutaten schnell zu einem glatten Teig verkneten. Den Teig in Klarsichtfolie gewickelt 30 Minuten im Kühlschrank ruhen lassen.

- Den Backofen auf 200 °C vorheizen. Den Mürbeteig auf bemehlter Arbeitsfläche in Größe der Form rund ausrollen. Den Teig in die gefettete Form legen, dabei einen Rand von 4–5 Zentimeter bilden, und leicht andrücken. Den Teig mit Backpapier bedecken, mit Hülsenfrüchten beschweren und 15 Minuten im heißen Ofen blindbacken.

- Die Stachelbeeren waschen und putzen. Die Eier trennen. Das Eigelb und den Zucker in einer Schüssel schaumig schlagen, dann die saure Sahne unterrühren. Das Eiweiß steif schlagen und unterheben.

- Hülsenfrüchte und Backpapier vom vorgebackenen Mürbeteig entfernen. Die Stachelbeeren auf dem Tortenboden verteilen und die Eiermasse daraufgeben. Glatt streichen und noch etwa 30 Minuten bei 180 °C backen.

Johannisbeerkuchen mit Baiserhaube

FÜR 1 SPRINGFORM
(Ø 24 CM)

FÜR DEN RÜHRTEIG
125 g weiche Butter, mehr für die Form
50 g Zucker
2 Eigelb
abgeriebene Schale von ½ unbehandelten Zitrone
125 g Mehl
1 TL Backpulver

FÜR DEN BELAG
500 g Rote und Schwarze Johannisbeeren
4–5 Eiweiß
200 g Zucker

- Die Springform fetten und den Boden mit einem runden Stück Backpapier gleicher Größe bedecken. Einen Streifen Backpapier (etwas breiter als die Höhe der Springform) ausschneiden und an den Rand der Form drücken, ohne Falten zu bilden. Das Backpapier wiederum einfetten. Den Backofen auf 180 °C vorheizen.

- Für den Teig Butter, Zucker, Eigelb und Zitronenschale schaumig schlagen. Das Mehl mit dem Backpulver mischen, auf die Buttercreme sieben und unterrühren. Den Teig in die Form füllen, glatt streichen und 15 Minuten backen.

- Die Johannisbeeren waschen, von den Rispen streifen und auf Küchenpapier abtropfen lassen. Das Eiweiß mit 1 Teelöffel Zucker steif schlagen. Dann langsam den restlichen Zucker dazugeben und weiterschlagen, bis die Masse steif und glänzend ist. Die Johannisbeeren vorsichtig unterheben, die Baisermasse auf den vorgebackenen Teigboden geben und glatt streichen. Den Kuchen weitere 45 Minuten bei 170 °C backen, dann im offenen Backofen vollständig abkühlen lassen.

- Den Rand der Springform entfernen und den Backpapierstreifen mit einem Messer vorsichtig von dem Johannisbeer-Baiser trennen. Den Kuchen weitere 45 Minuten bei 170 °C backen. Nach der Hälfte der Backzeit den Baiser mit Backpapier abdecken, damit er nicht verbrennt. Danach im offenen Backofen vollständig abkühlen lassen.

Für einen besonderen Geschmack können 150 Gramm gemahlene Mandeln zusammen mit den Johannisbeeren unter die Baisermasse gehoben werden.

Rhabarberkuchen mit Haselnussbaiser

FÜR 1 TARTEFORM (Ø 24 CM)

FÜR DEN MÜRBETEIG

150 g Mehl, mehr zum Ausrollen
1 Prise Salz
1 Eigelb
50 g Zucker
100 g kalte Butter, mehr für die Form

FÜR DEN BELAG

750 g Rhabarber
2–3 Eiweiß (je nach Größe)
80 g Zucker
75 g Haselnüsse, gemahlen

- Mehl und Salz mischen, auf die Arbeitsfläche sieben und dabei aufhäufen. Eine Mulde in die Mitte drücken, das Eigelb hineingeben und den Zucker darüberstreuen. Die Butter würfeln und auf dem Mehl verteilen. Alle Zutaten schnell zu einem glatten Teig verkneten. Den Teig in Klarsichtfolie gewickelt 30 Minuten im Kühlschrank ruhen lassen.

- In der Zwischenzeit den Rhabarber waschen, schälen und in kleine Stücke schneiden. Den Backofen auf 200 °C vorheizen.

- Den Mürbeteig auf leicht bemehlter Arbeitsfläche in Größe der Form rund ausrollen und in die gefettete Form drücken. Den Teig mit Backpapier bedecken, Hülsenfrüchte daraufgeben und 10 Minuten im heißen Ofen blindbacken. Dann die Hülsenfrüchte und das Backpapier entfernen, die Rhabarberstücke auf dem Teigboden verteilen und weitere 20 Minuten bei 180 °C backen.

- Das Eiweiß mit 1 Teelöffel Zucker fast steif schlagen, den restlichen Zucker zugeben und weiterschlagen, bis der Eischnee steif ist. Die Haselnüsse vorsichtig unterheben. Den Haselnuss-Eischnee auf dem Rhabarberkuchen verteilen und noch etwa 10 Minuten backen, bis das Baiser leicht gebräunt ist.

Mürbeteig muss schnell verarbeitet werden, damit die Zutaten nicht warm werden, sonst wird er klebrig. Am besten hackt man alle Zutaten zuerst mit einem Messer durch, bis Krümel entstehen. Diese verknetet man dann zügig zu einem homogenen Teig.

Backe, backe Kuchen ...

An den langen Nachmittagen nach der Schule, wenn wir uns langweilten und plötzlich einen Riesenappetit auf Süßes hatten, backten wir oft mit Freunden zusammen Marmorkuchen. Mit etwa zwölf Jahren durften wir allein Küchenmaschine und Backofen benutzen und unsere Küche wurde regelmäßig zum Backtreffpunkt. Einen Teil des Teiges aßen wir meist gleich roh. Der Teil, der dann noch gebacken wurde, hatte nie Zeit abzukühlen und wurde direkt aus dem Ofen restlos verschlungen.

Der sogenannte Kalte Hund war unser Lieblings-Geburtstagskuchen von klein auf. Was nicht nur an dem lustigen Namen lag: Die erreichte Jahreszahl wurde jedesmal mit bunten Smarties obendrauf geschrieben.

Streuselkuchen gehörte zu unseren Lieblingskuchen, er schmeckte uns Kindern das ganze Jahr über. Im Sommer, wenn wir ausgekühlt vom stundenlangen Baden in der Schlei nach Hause kamen, war das große Blech mit dem warmen Kuchen aber immer besonders angesagt und alles im Handumdrehen aufgegessen.

Zwetschgenkuchen gab es natürlich jedes Jahr zum Herbstanfang, wenn die ersten Blätter sich färbten. Manchmal wurde auch ein Pflaumenkuchen daraus, denn die waren schon Ende August reif und der Pflaumenbaum im Garten trug reichlich. Bei der Aussicht auf ein großes Blech warmen Pflaumenkuchen machte mein Bruder Martin sich immer gleich an das Pflücken, ausnahmsweise ganz ohne Mosern.

Marmorkuchen

FÜR 1 KASTENFORM

150 g Butter, mehr für die Form
3 große Eier
175 g Zucker
6 EL kohlensäurehaltiges Mineralwasser
250 g Mehl, mehr für die Form
2 gestr. TL Backpulver
1 Prise Salz
2 EL ungesüßter Kakao
¼ TL Bittermandelöl

- Den Backofen auf 180 °C vorheizen. Die Butter zerlassen. Eier und Zucker schaumig schlagen, Butter und 3 Esslöffel Mineralwasser zufügen. Mehl mit Backpulver und Salz mischen, darübersieben und unterrühren. Kakao und restliches Mineralwasser glatt rühren und mit einem Drittel des Teiges vermengen. Das Bittermandelöl unter den verbliebenen hellen Teig rühren.

- Die Hälfte des hellen Teiges in die gefettete und mit Mehl bestaubte Kastenform geben. Den dunklen Teig darauf verteilen und mit dem restlichen hellen Teig bedecken. Für den Marmoreffekt eine Gabel spiralförmig durch den Teig ziehen. Den Kuchen 40–45 Minuten backen. Zur Hälfte der Backzeit die Hitze auf 160 °C reduzieren. Die Garprobe machen (siehe Tipp Seite 32). Den Kuchen kurz in der Form ruhen lassen (siehe Foto), dann auf ein Kuchengitter stürzen.

Zitronensandkuchen

FÜR 1 KASTENFORM

FÜR DEN RÜHRTEIG
250 g sehr weiche Butter, mehr für die Form
250 g Zucker
4 zimmerwarme Eier
abgeriebene Schale von 1 unbehandelten Zitrone
125 g Mehl, mehr für die Form
125 g Speisestärke
½ TL Backpulver
1 Prise Salz

ZUM TRÄNKEN
150 g Puderzucker
Saft von 3 Zitronen

- Den Backofen auf 190 °C vorheizen. Die Butter schaumig schlagen, den Zucker esslöffelweise untermischen. Die Eier nach und nach unterrühren. Die Zitronenschale darüberstreuen. Mehl, Speisestärke, Backpulver und Salz mischen, auf die Buttermasse sieben und unterheben.

- Den Teig in die gefettete und mit Mehl bestaubte Kastenform füllen und 45–50 Minuten backen. Die Garprobe machen (siehe Tipp Seite 32). Den Sandkuchen kurz abkühlen lassen, dann auf ein Kuchengitter stürzen.

- Die Oberseite des noch warmen Kuchens gleichmäßig mit einem Holzstäbchen einstechen. Den Puderzucker mit dem Zitronensaft glatt rühren und den Kuchen damit überziehen. Den Kuchen vor dem Anschneiden ein bis zwei Tage durchziehen lassen, dann schmeckt er noch besser.

Rum-Nuss-Kuchen

FÜR 1 KASTENFORM

FÜR DEN RÜHRTEIG

275 g sehr weiche Butter, mehr für die Form
175 g Zucker
1 Päckchen Vanillezucker
4 zimmerwarme Eier
150 g Haselnüsse, gemahlen
100 g Haselnüsse, gehackt
200 g Mehl, mehr für die Form
1 gestr. TL Backpulver

AUSSERDEM

7 EL Rum
4 EL Aprikosenkonfitüre
150 g Puderzucker
1 EL ungesüßter Kakao
30 g Butter

- Den Backofen auf 175–180 °C vorheizen. Die Butter schaumig schlagen. Zucker und Vanillezucker esslöffelweise untermischen. Die Eier nach und nach unterrühren. Die Haselnüsse zufügen. Mehl, Backpulver und eine Prise Salz mischen, darübersieben und unterheben.

- Den Teig in die gefettete und mit Mehl bestaubte Form füllen und 60–80 Minuten backen. Die Garprobe machen (siehe Tipp Seite 32). Den Kuchen kurz abkühlen lassen, auf ein Kuchengitter stürzen. Die Oberseite gleichmäßig mit einem Holzstäbchen einstechen und mit 5 Esslöffeln Rum tränken. Die Aprikosenkonfitüre mit 2 Esslöffeln Wasser aufkochen, glatt rühren und den Kuchen damit bestreichen.

- Puderzucker, Kakao, restlichen Rum und zerlassene Butter zu einem dickflüssigen Guss verrühren. Bei Bedarf 1 Esslöffel warmes Wasser dazugeben. Den Kuchen damit überziehen und trocknen lassen.

Kalter Hund

FÜR 10–12 PORTIONEN (SIEHE FOTO)

150 g Zartbitterschokolade
4 EL Sahne
150 g weiche Butter
100 g Puderzucker
1 Eigelb
2 Tropfen Vanilleextrakt (oder Mark von 1 Vanilleschote)
30 Butterkekse
2 EL Mandelblättchen

- Die zerkleinerte Schokolade in der Sahne im Wasserbad schmelzen lassen und glatt rühren. Butter, Puderzucker, Eigelb und Vanilleextrakt schaumig schlagen. Die Schokoladencreme unterrühren. Die Masse abkühlen lassen, bis sie streichfest ist.

- Fünf Butterkekse nebeneinander auf eine längliche Kuchenplatte legen. 2–3 Esslöffel Schokoladencreme gleichmäßig darauf verstreichen. Fünf weitere Butterkekse darauflegen und wiederum mit Schokoladencreme bestreichen. So fortfahren, bis alle Butterkekse verbraucht sind. Den Kalten Hund rundum mit der restlichen Schokoladencreme bestreichen, mit Mandelblättchen verzieren (siehe Foto) und im Kühlschrank fest werden lassen.

Rüblikuchen

FÜR 1 SPRINGFORM
(Ø 24 CM)

FÜR DEN TEIG

4 große Eier
1 Prise Salz
200 g Zucker
250 g Karotten, fein geraspelt
abgeriebene Schale von ½ unbehandelten Zitrone
50 g Mehl
1 TL Backpulver
250 g Walnüsse (oder Mandeln, Haselnüsse), gemahlen
Butter und Mehl für die Form

FÜR DEN GUSS

200 g Puderzucker
3 EL frischer Orangensaft

- Den Backofen auf 180 °C vorheizen. Die Eier trennen und das Eiweiß mit dem Salz steif schlagen. Das Eigelb schaumig schlagen, dann nach und nach den Zucker zugeben und weiterrühren, bis eine cremige Masse entstanden ist. Die Karotten und die Zitronenschale untermischen.

- Das Mehl mit Backpulver und Walnüssen vermengen und mit der Karottenmasse verrühren. Vorsichtig den Eischnee unterheben. Den Teig in die gefettete und mit Mehl bestaubte Springform füllen, glatt streichen und auf unterer Schiene 50–60 Minuten backen.

- Die Garprobe machen (siehe Tipp). Den Kuchen in der Form abkühlen lassen, dann die Springform entfernen und den Karottenkuchen auf ein Kuchengitter legen.

- Für den Guss den Puderzucker mit dem Orangensaft glatt rühren und den Karottenkuchen mit einem breiten Messer oder einer Palette damit überziehen. Den Guss vor dem Anschneiden trocknen lassen.

Für die Garprobe ein Holzstäbchen in den Kuchen stecken und wieder herausziehen. Klebt kein Teig daran, ist der Kuchen gar; andernfalls den Kuchen noch ein paar Minuten backen.

Thüringer Mohnkuchen

FÜR 1 BACKBLECH ODER ETWA 20 STÜCKE

FÜR DEN HEFETEIG

375 g Mehl, mehr zum Verarbeiten
125 ml lauwarme Milch
25 g frische Hefe
75 g Zucker
75 g Butter, mehr für das Backblech
1 Ei
abgeriebene Schale von 1 unbehandelten Zitrone
1 Prise Salz

FÜR DIE FÜLLUNG

750 ml Milch
75 g Zucker
1 Prise Salz
40 g grober Grieß
275 g blauer Mohn, gemahlen
75 g Mandeln, gemahlen
40 g Sultaninen
1 EL Rum

FÜR DEN GUSS

200 g Puderzucker

- Das Mehl in eine Schüssel geben und in die Mitte eine Vertiefung drücken. Die Hälfte der Milch mit der zerbröckelten Hefe und 1 Teelöffel Zucker in die Mehlmulde geben und mit etwas Mehl vom Rand zu einem dickflüssigen Teig verrühren. Den Vorteig abgedeckt an einem warmen Ort ohne Zugluft 15 Minuten gehen lassen, bis sich sein Volumen verdoppelt hat.

- Die Butter in der restlichen Milch zerlassen. Mit dem restlichen Zucker, dem Ei, der Zitronenschale und dem Salz zum Vorteig geben und alles so lange kräftig kneten, bis ein weicher, elastischer Teig entstanden ist, der sich vom Schüsselrand löst. 1–2 Stunden wie oben beschrieben gehen lassen.

- Für die Füllung Milch, Zucker und Salz zum Kochen bringen. Den Grieß langsam zufügen und unter Rühren 2–3 Minuten köcheln und eindicken lassen. Mohn, Mandeln, Sultaninen und Rum unterrühren. Abkühlen lassen.

- Den Hefeteig kurz durchkneten und mit leicht bemehlten Händen auf dem gefetteten Backblech verteilen, dabei einen kleinen Rand bilden. Die Mohnfüllung daraufstreichen, den Teig weitere 15 Minuten gehen lassen. Den Backofen auf 180 °C vorheizen.

- Den Kuchen 20–25 Minuten backen. Puderzucker und 3–4 Esslöffel Wasser zu einem dickflüssigen Guss verrühren und den noch heißen Mohnkuchen damit bestreichen. Abkühlen lassen.

Gugelhupf

FÜR 1 GUGELHUPFFORM

350 g Mehl
125 ml lauwarme Milch
25 g frische Hefe
75 g Zucker
50 g Rosinen
50 ml Rum
175 g Butter, mehr für die Form
2 mittelgroße Eier
abgeriebene Schale von 1 unbehandelten Zitrone
1 Prise Salz
75 g Mandeln, grob gehackt
Puderzucker zum Bestauben

- Das Mehl in eine Schüssel geben und in die Mitte eine Vertiefung drücken. Die Hälfte der Milch mit der zerbröckelten Hefe und 1 Teelöffel Zucker in die Mehlmulde geben und mit etwas Mehl vom Rand zu einem dickflüssigen Teig verrühren. Den Vorteig abgedeckt an einem warmen Ort ohne Zugluft 15 Minuten gehen lassen, bis sich sein Volumen verdoppelt hat.

- Die Rosinen mit dem Rum übergießen und quellen lassen. Die Butter in der restlichen Milch schmelzen lassen. Mit dem restlichen Zucker, den Eiern, der Zitronenschale und dem Salz zum Vorteig geben und alles so lange kräftig kneten, bis ein elastischer Teig entstanden ist, der sich vom Schüsselrand löst. Rosinen und Mandeln vorsichtig unterarbeiten. Den Teig 1–2 Stunden wie oben beschrieben gehen lassen.

- Den Teig kurz durchkneten, dann in die gefettete Gugelhupfform füllen. Mit einem sauberen Tuch abgedeckt erneut gehen lassen, bis der Teig die Form vollkommen ausfüllt.

- Den Backofen auf 180 °C vorheizen. Den Gugelhupf 40–45 Minuten backen. Auf einem Kuchengitter abkühlen lassen, dann mit Puderzucker bestauben.

Streuselkuchen

FÜR 1 BACKBLECH ODER ETWA 20 STÜCKE

FÜR DEN HEFETEIG

375 g Mehl, mehr zum Verarbeiten
125 ml lauwarme Milch
25 g frische Hefe
75 g Zucker
75 g Butter, mehr für das Backblech
1 Ei
abgeriebene Schale von 1 unbehandelten Zitrone
1 Prise Salz

FÜR DIE STREUSEL

400 g Mehl
200 g Zucker
¼ TL gemahlener Zimt
1 Prise Salz
250 g zimmerwarme Butter

- Das Mehl in eine Schüssel geben und in die Mitte eine Vertiefung drücken. Die Hälfte der Milch mit der zerbröckelten Hefe und 1 Teelöffel Zucker in die Mehlmulde geben und etwas Mehl vom Rand zu einem dickflüssigen Teig verrühren. Den Vorteig abgedeckt an einem warmen Ort ohne Zugluft 15 Minuten gehen lassen, bis sich sein Volumen verdoppelt hat.

- Die Butter in der restlichen Milch schmelzen lassen. Mit dem restlichen Zucker, dem Ei, der Zitronenschale und dem Salz zum Vorteig geben und alles so lange kräftig kneten, bis ein elastischer Teig entstanden ist, der sich vom Schüsselrand löst. 1–2 Stunden wie oben beschrieben gehen lassen.

- Für die Streusel das Mehl mit Zucker, Zimt und Salz mischen. Mit der gewürfelten Butter rasch zu einem krümeligen Teig verkneten. (Die Streusel sollen recht groß sein.) Die Streusel kühl stellen.

- Den Hefeteig kurz durchkneten und mit bemehlten Händen gleichmäßig auf dem gefetteten Backblech verteilen. Den Teig mit den Streuseln bedecken und weitere 15–20 Minuten gehen lassen. Den Backofen auf 180 °C vorheizen.

- Den Streuselkuchen 20–25 Minuten backen. Noch warm servieren.

VARIANTE: 1,5–2 Kilogramm frisches, klein geschnittenes Obst wie Äpfel, Aprikosen, Beeren oder Pflaumen auf dem Teig verteilen und mit Streuseln (½ Rezept) bedecken. Die Backzeit verlängert sich hier um 5–10 Minuten.

Käsekuchen

FÜR 1 SPRINGFORM
(Ø 22–24 CM)

FÜR DEN MÜRBETEIG
200 g Mehl, mehr zum Verarbeiten
1 Prise Salz
1 Ei
65 g Zucker
100 g kalte Butter, mehr für die Form

FÜR DIE FÜLLUNG
6 Eier
200 g Zucker
Mark von 1 Vanilleschote
500 g Quark
abgeriebene Schale von 1 unbehandelten Zitrone
2 EL Speisestärke
50 g Butter, zerlassen und abgekühlt

- Mehl und Salz mischen, auf die Arbeitsfläche sieben und dabei aufhäufen. Eine Mulde in die Mitte drücken, das Ei hineingeben und den Zucker darüberstreuen. Die gewürfelte Butter auf dem Mehl verteilen. Alle Zutaten schnell zu einem glatten Teig verkneten. Den Teig in Klarsichtfolie gewickelt 30 Minuten im Kühlschrank ruhen lassen. Den Backofen auf 180 °C vorheizen.

- Den Teig auf bemehlter Arbeitsfläche rund ausrollen (die Teigplatte soll etwas größer als die Springform sein). Den Teig in die gefettete Form legen, einen 5–6 Zentimeter hohen Rand bilden, leicht andrücken. Die Form in den Kühlschrank stellen.

- Für die Füllung die Eier trennen. Das Eigelb und 180 Gramm Zucker schaumig schlagen. Vanillemark, Quark und Zitronenschale hinzufügen und alles mit einem Schneebesen glatt rühren. Die Speisestärke und die Butter unterrühren. Das Eiweiß mit dem restlichen Zucker steif schlagen und unter die Quarkmasse heben.

- Die Quarkfüllung auf dem Teig verteilen, glatt streichen und etwa 1 Stunde backen. Der Kuchen ist gar, wenn sich die Quarkfüllung bei leichtem Druck fest anfühlt. Den Käsekuchen etwas abkühlen lassen, den Rand der Springform entfernen und den Kuchen mithilfe einer Palette auf ein Kuchengitter gleiten und vollständig abkühlen lassen.

Besonders köstlich schmeckt der Käsekuchen, wenn er bereits am Vortag zubereitet wird und über Nacht im Kühlschrank ruht.

Bienenstich

FÜR 1 BACKBLECH ODER ETWA 20 STÜCKE

FÜR DIE BUTTERCREME

1 Vanilleschote
500 ml Milch
5 Eigelb
100 g Zucker
30 g Mehl
250 g weiche Butter

FÜR DEN HEFETEIG

375 g Mehl, mehr zum Ausrollen
125 ml lauwarme Milch
25 g frische Hefe
75 g Zucker
75 g Butter, mehr für das Backblech
1 Ei
abgeriebene Schale von ½ unbehandelten Zitrone
1 Prise Salz

FÜR DIE MANDELKRUSTE

150 g Butter
200 g Zucker
100 ml Sahne
200 g Mandelblättchen

- Für die Buttercreme die Vanilleschote längs aufschneiden, das Mark herausschaben und beides mit der Milch zum Kochen bringen. Eigelb und Zucker schaumig schlagen, das Mehl unterrühren. Die heiße Vanillemilch langsam unterrühren. Unter ständigem Rühren kurz aufkochen und eindicken lassen. Die Vanilleschote entfernen, die Creme abkühlen lassen. Ab und zu umrühren.

- Für den Teig das Mehl in eine Schüssel geben und in die Mitte eine Vertiefung drücken. Die Hälfte der Milch mit der zerbröckelten Hefe und 1 Teelöffel Zucker in die Mehlmulde geben und mit etwas Mehl vom Rand zu einem dickflüssigen Teig verrühren. Den Vorteig abgedeckt an einem warmen Ort ohne Zugluft 15 Minuten gehen lassen, bis sich sein Volumen verdoppelt hat.

- Die Butter in der restlichen Milch schmelzen lassen. Mit dem restlichen Zucker, Ei, Zitronenschale und Salz zum Vorteig geben und kräftig kneten. 1–2 Stunden wie oben beschrieben gehen lassen.

- Den Teig auf der bemehlten Arbeitfläche kurz durchkneten, in Blechgröße ausrollen und auf das gefettete Backblech legen.

- Für die Mandelkruste Butter, Zucker und Sahne kurz aufkochen. Die Mandeln unterrühren. Die abgekühlte Masse auf dem Teig verteilen. Weitere 15–20 Minuten gehen lassen. Den Backofen auf 180–200 °C vorheizen. Den Kuchen 20–25 Minuten backen. Abkühlen lassen.

- Die Butter für die Buttercreme in 15 Minuten weiß und sehr schaumig schlagen. Die Vanillecreme (sie muss dieselbe Temperatur wie die Butter haben) löffelweise unterrühren. Den Bienenstich in Stücke schneiden, diese waagerecht halbieren und mit Buttercreme füllen.

Nicht nur für Festtage

Buttercreme mochten wir als Kinder überhaupt nicht. Aus diesem Grund wurde der Frankfurter Kranz immer nur zu den Geburtstagen meiner Eltern, Tanten oder Onkel gebacken. Für die Erwachsenen eben. Wir Kinder kamen aber auch nicht zu kurz und naschten immer die Mandeln oben weg, wenn keiner hinsah.

Friesentorte, eine nordfriesische Spezialität, erinnert mich immer an die Sommerferien auf Amrum. An manchen Nachmittagen, wenn wir strandmüde waren und meine Großmutter mal ausnahmsweise keinen Butterkuchen gebacken hatte, lud sie uns in eins der gemütlichen Inselcafés ein und bestellte für jeden ein großes Stück Friesentorte.

Sachertorte liebten wir alle, besonders die von unserer Nachbarin. Der Teig war gleichzeitig zart und kräftig und hatte eine gewisse Herbe. Ihr Geheimnis bestand darin, dass sie Schwarzbrotkrümel unter das Mehl und die gemahlenen Mandeln mischte. Die genaue Menge hat sie allerdings nie verraten …

Erdbeersahnetorte

FÜR 1 SPRINGFORM (Ø 22 CM)

FÜR DEN BISKUIT

3 Eier
1 Prise Salz
90 g Zucker
90 g Mehl
75 g ungesalzene Pistazien (oder Mandeln), gemahlen
Butter für die Form

FÜR DIE FÜLLUNG

etwa ½ Glas Erdbeergelee
750 g vollreife Erdbeeren, gewaschen
500 ml gekühlte Sahne
2 Päckchen Vanillezucker

- Den Backofen auf 180 °C vorheizen. Die Eier trennen. Das Eiweiß mit dem Salz halbsteif schlagen. Den Zucker hineinrieseln lassen und weiterschlagen, bis der Eischnee sehr fest und glänzend ist. Das Eigelb unterrühren. Das Mehl auf die Eimasse sieben, die Pistazien darüberstreuen und beides vorsichtig unterheben.

- Den Teig in die gefettete Springform füllen und 18–20 Minuten backen. Die Springform entfernen und den Biskuit auf einem Kuchengitter abkühlen lassen.

- Das Erdbeergelee mit 4 Esslöffeln Wasser behutsam erhitzen und glatt rühren. Den Biskuitboden waagerecht teilen und mit dem flüssigen Gelee bestreichen. Den unteren Tortenboden mit einem Tortenring oder dem Rand der Springform umschließen und dicht mit Erdbeeren belegen (einige schöne Früchte zum Dekorieren beiseitelegen und kühl aufbewahren). Die Hälfte der Sahne mit einem Päckchen Vanillezucker sehr steif schlagen und gleichmäßig auf die Erdbeeren streichen. Den oberen Tortenboden auflegen, leicht andrücken und die Torte mindestens 6 Stunden kühl stellen.

- Den Tortenring entfernen. Die restliche Sahne mit dem zweiten Päckchen Vanillezucker sehr steif schlagen und die Torte rundum damit bestreichen. Mit den übrigen Erdbeeren nach Belieben verzieren. Kühl stellen.

Noch aromatischer schmeckt die Torte, wenn man zum Verflüssigen des Gelees das Wasser durch Obstsaft, Schnaps oder Likör ersetzt.

Baisertörtchen mit roten Beeren

FÜR 8 TÖRTCHEN

3 zimmerwarme Eiweiß
1 Prise Salz
150 g Zucker
600 g vollreife Beeren (z.B. Erdbeeren, Himbeeren, Johannisbeeren, Blaubeeren, Brombeeren)
250 ml gekühlte Sahne
1 Päckchen Vanillezucker

- Den Backofen auf 120 °C vorheizen. Das Eiweiß mit dem Salz halbsteif schlagen. Den Zucker langsam zufügen und weiterschlagen, bis der Eischnee sehr fest ist. Den Eischnee in einen Spritzbeutel mit Sterntülle geben und acht Kreise mit 9 Zentimeter Durchmesser auf ein mit Backpapier belegtes Backblech spritzen. Die Kreise mit Eischnee ausfüllen, ohne Lücken zu lassen (dazu immer kleiner werdende Kreise ziehen). Kleine Tupfer Eischnee dicht an dicht auf den äußersten Kreis setzen.

- Die Temperatur auf 60 °C reduzieren und die Baisertörtchen im Backofen etwa 4 Stunden trocknen lassen (das Baiser soll weiß bleiben). Dabei die Ofentür einen Spalt offen lassen (z.B. ein Messer dazwischenklemmen). Die Törtchen anschließend im abgeschalteten Ofen auskühlen lassen.

- Die Beeren verlesen, kurz abbrausen und trocken tupfen. Größere Früchte halbieren oder vierteln. Alle Beeren vorsichtig mischen. Die Sahne sehr steif schlagen, dann den Vanillezucker zufügen.

- Die Baisertörtchen behutsam vom Backpapier lösen und auf eine große Platte setzen. Zwei Drittel der geschlagenen Sahne auf die Törtchen geben und mit den Beeren garnieren. Die restliche Sahne in einen Spritzbeutel mit Sterntülle füllen und kleine Tupfer auf die Beeren spritzen. 2 Stunden kalt stellen.

Bleibt Eischnee übrig, kleine Baisers neben die Törtchen spritzen und mitbacken. Die Baisers danach zerkrümeln und mit den Beeren mischen.

Biskuitrolle

FÜR 1 BISKUITROLLE
ODER 10–12 PORTIONEN

3 große Eier
90 g feiner Zucker
50 g Mehl
30 g Speisestärke
40 g Butter, zerlassen und abgekühlt, mehr für das Backblech
3 Tropfen frischer Zitronensaft

AUSSERDEM

2 EL Kristallzucker zum Verarbeiten
1 Glas Konfitüre zum Füllen nach Geschmack
2 EL Puderzucker zum Bestauben

- Den Backofen auf 180 °C vorheizen. Die Eier trennen. Das Eigelb und den Zucker schaumig schlagen. Mehl und Speisestärke mischen und darübersieben. Die flüssige Butter zufügen und alle Zutaten mit einem Teigspachtel behutsam mischen.

- Das Eiweiß mit dem Zitronensaft steif schlagen. Ein Drittel des Eischnees mit dem Teig verrühren, dann den Rest dazugeben und vorsichtig unterheben.

- Den Teig auf ein mit Backpapier belegtes und gefettetes Backblech geben und zu einem länglichen, etwa 1 Zentimeter dicken Rechteck ausstreichen. Etwa 10 Minuten backen. Der Teig soll nur hell bräunen und elastisch bleiben.

- Ein sauberes Küchentuch auf der Arbeitsfläche ausbreiten und mit dem Kristallzucker bestreuen. Das Backblech mit dem gebackenen Teig auf das Küchentuch stürzen. Das Backpapier abziehen und den Teig von der schmalen Seite zusammen mit dem Tuch aufrollen. (Das Tuch verhindert, dass der Teig zusammenklebt). Die Biskuitrolle abkühlen lassen.

- Den Biskuit vorsichtig entrollen, gleichmäßig mit der Konfitüre bestreichen und wieder eng aufrollen (diesmal ohne Tuch). Die Rolle mit dem Puderzucker bestauben und an den Enden gerade schneiden.

Quark-Sahne-Torte mit Himbeeren

FÜR 1 SPRINGFORM
(Ø 24–26 CM)

FÜR DEN BISKUIT

4 Eier
130 g feiner Zucker
130 g Mehl, mehr für die Form
60 g Butter, zerlassen und abgekühlt, mehr für die Form
4 EL heller Traubensaft
3 EL Himbeerkonfitüre

FÜR DIE HIMBEERCREME

600 g Himbeeren
3 EL Himbeersaft
6 Blatt Gelatine
500 g Quark
180 g Puderzucker, mehr zum Bestauben
400 ml gekühlte Sahne
2 Päckchen Vanillezucker

- Den Backofen auf 180 °C vorheizen. Eier und Zucker über einem heißen Wasserbad etwa 10 Minuten schaumig schlagen. Sobald die Masse ihr Volumen verdreifacht hat, vom Wasserbad nehmen und weiterschlagen, bis sie abgekühlt ist.

- Das Mehl auf den Eischaum sieben, die Butter dazugießen und beides vorsichtig unterheben. In die gefettete und mit Mehl bestaubte Springform füllen und 25–30 Minuten backen, bis sich der Biskuit vom Formrand zu lösen beginnt. Auf einem Kuchengitter abkühlen lassen.

- Den Biskuit waagerecht halbieren. Den oberen Tortenboden mit Traubensaft tränken. Den unteren Tortenboden auf einem Kuchenteller mit einem Tortenring oder dem Rand der Springform umschließen. Mit Himbeerkonfitüre bestreichen und mit 150 Gramm Himbeeren belegen.

- Von den restlichen Himbeeren etwa 20 zur Seite legen, die anderen mit dem Himbeersaft pürieren. Durch ein Sieb streichen. Die Gelatine in kaltem Wasser quellen lassen. Ein Drittel des Himbeerpürees leicht erhitzen. Die ausgedrückte Gelatine hinzugeben und unter Rühren auflösen. Das restliche Himbeerpüree unterrühren. Abkühlen lassen.

- Quark und Puderzucker mischen. Das Himbeerpüree unterrühren, kühl stellen. 250 Milliliter Sahne mit einem Päckchen Vanillezucker steif schlagen. Sobald die Himbeercreme zu gelieren beginnt, die Schlagsahne unterheben. Die Himbeercreme auf den unteren Biskuitboden streichen, den oberen Tortenboden auflegen, leicht andrücken. Für 5–6 Stunden kalt stellen.

- Die Torte mit etwas Puderzucker bestauben, den Tortenring entfernen. Die restliche Sahne mit dem übrigen Vanillezucker steif schlagen, in einen Spritzbeutel füllen und Sahnetupfer auf die Torte spritzen. Mit den beiseitegelegten Himbeeren dekorieren.

Sachertorte

FÜR 1 SPRINGFORM
(Ø 22 CM)

FÜR DEN TEIG
100 g Zartbitterschokolade (Kuvertüre)
150 g weiche Butter, mehr für die Form
150 g feiner Zucker
5 große zimmerwarme Eier
100 g Mehl, mehr für die Form
1 EL ungesüßter Kakao
75 g Mandeln, gemahlen
1 Prise Salz

AUSSERDEM
300 g Aprikosenkonfitüre
75 ml Sahne
100 g Zartbitterkuvertüre

- Für den Teig die zerkleinerte Schokolade im Wasserbad schmelzen und abkühlen lassen. Den Backofen auf 175 °C vorheizen.

- Die Butter schaumig schlagen. 100 Gramm Zucker esslöffelweise unter ständigem Rühren dazugeben. Die Eier trennen. Das Eigelb nach und nach unterrühren, bis die Masse sehr schaumig ist, dann die flüssige Schokolade zufügen. Mehl, Kakao und Mandeln mischen und unterrühren.

- Das Eiweiß mit dem Salz halbsteif schlagen, den restlichen Zucker hineinrieseln lassen und den Eischnee steif schlagen. Ein Drittel davon unter den Teig rühren, den Rest vorsichtig unterheben.

- Den Teig in die gefettete und mit Mehl bestaubte Springform füllen und 35–40 Minuten backen. Die Garprobe machen (siehe Tipp Seite 32). Den Rand der Springform entfernen und den Kuchen auf einem Kuchengitter abkühlen lassen.

- Die Oberfläche des Kuchens mit einem scharfen Messer glätten, dann den Kuchen waagerecht teilen. Die Aprikosenkonfitüre durch ein Sieb streichen. Beide Tortenböden damit bestreichen und wieder zusammensetzen.

- Die Sahne aufkochen lassen und vom Herd nehmen. Die in Stücke gebrochene Schokolade darin schmelzen und glatt rühren. Die Torte rundum mit Schokoladenguss überziehen. Den restlichen Guss in einen Spritzbeutel geben und die Torte damit nach Belieben verzieren. Mit einem langen Messer die Tortenstücke markieren, bevor der Guss fest geworden ist, damit er beim Schneiden nicht bricht. Vor dem Anschneiden 12 Stunden ruhen lassen.

Linzer Torte

FÜR 1 SPRING- ODER TARTEFORM (Ø 24 CM)

75 g Haselnüsse, gemahlen (oder Mandeln)
150 g Mehl, mehr zum Ausrollen
75 g Puderzucker
1 Msp gemahlener Zimt
1 Msp gemahlene Nelken
1 Prise Salz
150 g kalte Butter, mehr für die Form
abgeriebene Schale von ½ unbehandelten Zitrone
1 kleines Ei

AUSSERDEM

300 g Himbeerkonfitüre
1 Eigelb zum Bestreichen

- Die gemahlenen Haselnüsse in einer beschichteten Pfanne ohne Fettzugabe bei mittlerer Hitze leicht anrösten. Dabei häufig rühren, damit die Haselnüsse gleichmäßig bräunen. Dann abkühlen lassen.

- In einer Schüssel das Mehl mit den gerösteten Haselnüssen, Puderzucker, Zimt, Nelken und Salz vermischen. Die Butter in kleine Würfel schneiden, auf das Mehl geben und zu einem krümeligen Teig verarbeiten. Die Zitronenschale und das Ei dazugeben und alles rasch zu einem glatten Mürbeteig kneten. Den Teig in Klarsichtfolie gewickelt für 30 Minuten kalt stellen. Den Backofen auf 180 °C vorheizen.

- Drei Viertel des Mürbeteiges auf der bemehlten Arbeitsfläche rund ausrollen (die Teigplatte soll etwas größer als die Form sein), in die gefettete Spring- oder Tarteform drücken und dabei einen 2–3 Zentimeter hohen Rand bilden.

- Die Himbeerkonfitüre auf dem Teigboden verteilen und glatt streichen. Den Rest des Teiges 3–4 Millimeter dick ausrollen und mit dem Teigrädchen in knapp 1 Zentimeter breite Streifen schneiden. Die Streifen diagonal auf die Torte legen und dabei ein Rautengitter formen. Das Eigelb mit 1 Teelöffel Wasser verquirlen und das Teiggitter damit bestreichen. 30–40 Minuten backen.

Frankfurter Kranz

FÜR 1 KRANZFORM
(Ø 22–24 CM)

FÜR DEN TEIG
150 g weiche Butter, mehr für die Form
125 g Zucker
3 zimmerwarme Eier
150 g Mehl, mehr für die Form
50 g Speisestärke
2 gestr. TL Backpulver
1 Prise Salz
2 EL Milch
1 EL Zitronensaft

FÜR DIE FÜLLUNG
1 Rezept Buttercreme (siehe Seite 38)

FÜR DEN MANDELKROKANT
25 g Butter
100 g Mandelblättchen
40 g Zucker

- Den Backofen auf 180 °C vorheizen. Die Butter schaumig schlagen. Den Zucker unter ständigem Rühren hineinrieseln lassen. Die Eier nach und nach zufügen und jeweils gut unterrühren. Mehl, Speisestärke, Backpulver und Salz mischen, darübersieben und unterrühren. Milch und Zitronensaft hinzufügen.

- Den Teig in die gefettete und mit Mehl bestaubte Kranzform füllen und 45 Minuten backen. Die Garprobe machen (siehe Tipp Seite 32). Auf ein Kuchengitter stürzen und 1–2 Stunden auskühlen lassen.

- Die Buttercreme wie auf Seite 38 (Arbeitsschritt 1 und 6) beschrieben zubereiten und für etwa 1 Stunde kühl stellen.

- Für den Mandelkrokant die Butter in einer Pfanne erhitzen. Mandeln und Zucker hinzugeben und unter ständigem Rühren goldbraun rösten. Auf einen Teller geben und abkühlen lassen.

- Den Kuchenkranz waagerecht in drei Ringe schneiden. Die Basis auf einen Tortenteller setzen und mit etwas Buttercreme bestreichen. Den mittleren Kuchenring daraufsetzen und ebenfalls mit etwas Buttercreme bestreichen. Den oberen Kuchenring auflegen. Den zusammengesetzten Kranz rundherum reichlich mit Buttercreme bestreichen und von allen Seiten mit Mandelkrokant bestreuen, sodass der Kranz vollkommen bedeckt ist.

Schwarzwälder Kirschtorte

FÜR 1 SPRINGFORM
(Ø 22–24 CM)

FÜR DEN BISKUIT
4 große Eier
130 g feiner Zucker
130 g Mehl
30 g ungesüßter Kakao
60 g Butter, zerlassen und abgekühlt, mehr für die Form
12 EL Kirschwasser zum Tränken

FÜR DIE FÜLLUNG
1 Glas Sauerkirschen, entsteint
9 EL Sauerkirschkonfitüre
750 ml gekühlte Sahne
3 EL Zucker
100 g Schokoladenraspel

- Den Biskuit bereits am Vortag backen: Den Backofen auf 180 °C vorheizen. Eier und Zucker über einem heißen Wasserbad etwa 10 Minuten schaumig schlagen. Sobald die Masse ihr Volumen verdreifacht hat, vom Wasserbad nehmen und weiterschlagen, bis sie abgekühlt ist.

- Mehl und Kakao mischen und auf die Eimasse sieben. Die Butter dazugießen und alles vorsichtig unterheben. Den Teig in die gefettete Springform füllen und 25–30 Minuten backen, bis sich der Biskuit vom Formrand zu lösen beginnt. Auf ein Kuchengitter stürzen und abkühlen lassen. In Alufolie gewickelt kühl lagern.

- Am nächsten Tag den Biskuit waagerecht in drei gleich dicke Schichten schneiden. Diese auf der Schnittseite mit dem Kirschwasser tränken.

- Die Sauerkirschen abseihen, den Saft auffangen. Die Konfitüre mit 3 Esslöffeln Kirschsaft verrühren und auf den ersten beiden Tortenböden (Basis und Mitte) verstreichen. Die Sauerkirschen darauf verteilen (einige schöne Kirschen beiseitelegen).

- Die Sahne halbsteif schlagen, den Zucker hineinrieseln lassen und weiterschlagen, bis die Sahne sehr steif ist. Ein Viertel der Sahne auf dem unteren Biskuitboden verteilen. Den mittleren Boden daraufsetzen und mit der gleichen Menge Sahne bedecken. Die dritte Kuchenschicht aufsetzen und die Torte rundherum mit der restlichen Sahne bestreichen. Mit den Schokoladenraspeln bestreuen und mit den beiseitegelegten Kirschen dekorieren. Die Torte für mehrere Stunden kühl stellen.

Friesentörtchen

FÜR 8 PORTIONEN

FÜR DEN BLÄTTERTEIG

400 g Mehl, mehr zum Ausrollen

1 knapp gestr. TL Salz, in 200 ml kaltem Wasser aufgelöst

500 g kalte Butter

FÜR DIE FÜLLUNG

300 ml gekühlte Sahne

1–2 Päckchen Vanillezucker, je nach Geschmack

etwa ½ Glas Pflaumenmus

Puderzucker zum Bestauben

- Das Mehl mit dem Salzwasser zu einem glatten Teig verkneten. In Klarsichtfolie gewickelt 2 Stunden im Kühlschrank ruhen lassen.

- Die Butter zwischen zwei Lagen Backpapier mit der Teigrolle ziegelförmig flach drücken. (Die Butter darf dabei nicht weich werden!)

- Den Teig auf der bemehlten Arbeitsfläche rechteckig ausrollen. Das Butterstück auf eine Teighälfte legen, die andere darüberschlagen, die Seiten gut zusammendrücken. Mit Mehl bestauben und zu einem schmalen Rechteck (etwa 60 Zentimeter lang) ausrollen. (Die Butter darf nicht an die Oberfläche kommen!) Das Rechteck von der schmalen Seite her bis zur Mitte falten und die gegenüberliegende Seite darüberklappen, sodass ein dreischichtiges Rechteck entsteht. Dieses um 90 Grad drehen, erneut auf 60 Zentimeter Länge ausrollen und wie beschrieben falten. Den Teig 15 für Minuten kühl stellen. Diesen Vorgang zweimal wiederholen.

- Den Backofen auf 230–240 °C vorheizen. Den Teig halbieren und auf bemehlter Arbeitsfläche jeweils zu einem großen, 2–3 Millimeter dicken Rechteck ausrollen. Die Rechtecke auf zwei mit Wasser bestrichene Backbleche legen, mehrmals mit der Gabel einstechen und nacheinander in 15–20 Minuten kross braun backen. Auf Kuchengittern abkühlen lassen.

- Die Sahne mit dem Vanillezucker sehr steif schlagen. Aus jeder Blätterteigplatte zwölf Rundscheiben (8 Zentimeter Durchmesser) ausstechen. Acht Scheiben mit je 2 Teelöffeln Pflaumenmus bestreichen. Kleine Sahnetupfer dicht aneinander daraufspritzen. Acht weitere Scheiben darauflegen und wiederum mit Pflaumenmus und Sahnetupfern bedecken. Die letzten Blätterteigscheiben aufsetzen und mit Puderzucker bestauben.

Preiselbeertorte

FÜR 1 SPRINGFORM
(Ø 22 CM)

FÜR DEN TEIG

100 g weiche Butter, mehr für die Form
100 g Zucker
3 Eier
75 g Haselnüsse, gemahlen
75 g Haselnüsse, gehackt
1 TL Backpulver
60 g ungesüßter Kakao
1 Prise Salz
Mehl für die Form

AUSSERDEM

3 EL Rum
1 kleines Glas ungesüßte Preiselbeeren (etwa 125 g)
250 ml gekühlte Sahne
1 Päckchen Vanillezucker
100 g dunkle Borkenschokolade

- Den Backofen auf 175–180 °C vorheizen. Die Butter in einer Rührschüssel schaumig schlagen. Den Zucker unter ständigem Rühren langsam hinzufügen. Die Eier nach und nach dazugeben und jeweils gut unterrühren. Haselnüsse, Backpulver, Kakao und Salz mischen und ebenfalls unterrühren.

- Den Teig in die gefettete und mit Mehl bestaubte Springform füllen, glatt streichen und 30 Minuten backen. Für die Garprobe ein Holzstäbchen in den Kuchen stecken und wieder herausziehen. Klebt kein Teig daran, ist der Kuchen gar; andernfalls den Kuchen noch ein paar Minuten backen. Dann den Rand der Springform entfernen, den Kuchen auf ein Kuchengitter stürzen, den Formboden abnehmen und den Kuchen abkühlen lassen.

- Den Tortenboden mit der Unterseite nach oben auf einen Kuchenteller setzen, mehrmals mit einer Gabel einstechen und mit dem Rum tränken. Die Preiselbeeren bei Bedarf abgießen, darauf verteilen und den Kuchen mindestens 6 Stunden (besser über Nacht) im Kühlschrank ruhen lassen.

- Die Sahne mit dem Vanillezucker steif schlagen und auf die Preiselbeeren streichen. Die Borkenschokolade zerbröseln und die Torte damit bestreuen.

Schokokusstorte

FÜR 1 KRANZFORM
(Ø 22–24 CM)

FÜR DEN TEIG

170 g Zartbitterkuvertüre
200 g weiche Butter, mehr für die Form
5 Eier
150 g feiner Zucker
40 g Mehl, mehr für die Form
40 g Stärkemehl
1 Prise Salz
4 große Schokoküsse

FÜR DEN GUSS

250 ml Sahne
100 g Zartbitterkuvertüre
Schokoküsse zum Verzieren, nach Belieben

- Die zerkleinerte Schokolade im heißen Wasserbad schmelzen lassen. Die Butter in Würfel schneiden und nach und nach unterrühren. Abkühlen lassen. Den Backofen auf 170–180 °C vorheizen.

- Die Eier trennen. Eigelb und Zucker schaumig schlagen. Die Schokoladenmasse untermengen. Mehl und Stärkemehl mischen, auf den Teig sieben und unterrühren. Das Eiweiß mit dem Salz steif schlagen und unterheben.

- Die Waffeln von den Schokoküssen abtrennen und die Schokoküsse klein würfeln. Ein Drittel des Teiges in die gefettete und mit Mehl bestaubte Form füllen. Die Schokokussstückchen darauf verteilen und mit dem restlichen Teig bedecken. 30 Minuten backen. Den Kuchen in der Form etwas abkühlen lassen, auf ein Kuchengitter stürzen und vollständig abkühlen lassen.

- Für den Guss die Sahne kurz aufkochen und vom Herd nehmen. Die zerkleinerte Schokolade darin 2 Minuten ruhen lassen, dann glatt rühren. Den Kranz rundum mit dem Guss bestreichen und nach Belieben mit Schokoküssen verzieren. Vor dem Anschneiden 2–3 Stunden ruhen lassen.

Für Kinder lässt sich die Schokokusstorte leicht in eine »Schokokuss-Schlange« verwandeln: Den gebackenen Kuchenkranz senkrecht halbieren und umgekehrt aneinandersetzen, sodass ein »S« entsteht. Eine Seite etwas abrunden für das »Schlangengesicht«, auf der anderen Seite einen spitz auslaufenden »Schwanz« zurechtschneiden. Das Gesicht der Schlange mit Smarties markieren und kleine Schokoküsse am Rücken entlang verteilen.

Süßes zum Sattessen

Knusprige Waffeln

FÜR 4–6 PORTIONEN

250 g weiche Butter
200 g Zucker
Mark von 1 Vanilleschote (oder 1 EL Rum)
4 zimmerwarme Eier · 150 g Mehl
150 g Speisestärke
1 Prise Backpulver · 1 Prise Salz
Butter oder Öl für das Waffeleisen
Puderzucker zum Bestauben

- Butter, Zucker und Vanillemark schaumig rühren. Die Eier nach und nach zufügen und jedes Mal so lange rühren, bis der Teig wieder glatt ist. Mehl, Speisestärke, Backpulver und Salz mischen und nach und nach unterrühren.

- Das Waffeleisen erhitzen und fetten. 2–3 Esslöffel Teig in die Mitte geben und die Waffel goldbraun backen. Auf diese Weise weitere Waffeln backen, bis der Teig verbraucht ist. Die Waffeln etwas abkühlen lassen und mit Puderzucker bestaubt servieren (siehe Foto).

Hefewaffeln

FÜR 6–8 PORTIONEN

375 g Mehl
50 g Zucker
¾ Päckchen Trockenhefe
3 große Eier (oder 4 kleine)
125 g weiche Butter
1 Prise Salz
abgeriebene Schale von 1 unbehandelten Zitrone
500 ml lauwarme Milch
Butter oder Öl für das Waffeleisen

- Mehl, Zucker und Trockenhefe in einer Schüssel gut mischen. In die Mitte eine Vertiefung drücken und die Eier hineingeben. Die Butter in Stückchen auf dem Mehl verteilen. Salz und Zitronenschale darüberstreuen.

- Alle Zutaten mit den Knethaken des Handrührgeräts von der Mitte her verkneten, dabei langsam die warme Milch zugießen. Den Teig so lange kneten, bis er Blasen wirft. Mit einem sauberen Tuch abgedeckt etwa 30 Minuten an einem warmen Ort ohne Zugluft gehen lassen, bis sich sein Volumen verdoppelt hat.

- Das Waffeleisen erhitzen und fetten. 2–3 Esslöffel Hefeteig in die Mitte geben und die Waffel goldbraun backen. Auf diese Weise weitere Waffeln backen, bis der Teig verbraucht ist. Auf einem großen Teller zugedeckt im Backofen bei 50 °C warm halten.

Die Waffeln möglichst frisch und noch warm servieren und Zimtzucker, Konfitüre oder frische Beeren mit Schlagsahne dazu reichen.

Kartoffelpuffer mit Apfelkompott

FÜR 4 PORTIONEN

FÜR DIE KARTOFFEL-PUFFER

1 kg Kartoffeln
2 kleine Eier
2–3 EL Mehl
1 große Prise Salz
Butter oder Öl zum Anbraten

FÜR DAS APFELKOMPOTT

1 kg säuerliche Äpfel
Zucker nach Geschmack

- Für das Apfelkompott die Äpfel schälen, halbieren, vom Kerngehäuse befreien und in große Würfel schneiden. Die Apfelstücke mit einer halben Tasse Wasser zum Kochen bringen und zugedeckt 10–15 Minuten dünsten. Durch ein Sieb streichen oder im Mixer beliebig fein pürieren und nach Geschmack zuckern. Abkühlen lassen.

- Die Kartoffeln schälen und grob reiben. Mit den Eiern, dem Mehl und dem Salz verrühren.

- Etwas Butter oder Öl in einer großen beschichteten Pfanne erhitzen. Jeweils 3 Esslöffel Kartoffelteig zu runden, etwa 5 Millimeter dicken Puffern verstreichen. Bei mittlerer Hitze von beiden Seiten goldbraun braten. So fortfahren, bis der Teig aufgebraucht ist. Die fertigen Kartoffelpuffer im Backofen bei 50 °C warm halten. Noch heiß mit dem Apfelkompott servieren.

Schlummeräpfel

FÜR 4 PORTIONEN

150 g kernige Haferflocken
8 EL Milch
4 säuerliche Äpfel (z.B. Boskop, Elstar, Jonagold)
abgeriebene Schale und Saft von 1 unbehandelten Zitrone
2 Eier
100 g weiche Butter, mehr für die Form
120 g Zucker, 250 g Quark
Konfitüre nach Geschmack

- Die Haferflocken mit der erwärmten Milch übergießen und quellen lassen. Den Backofen auf 180 °C vorheizen.

- Das Kerngehäuse der Äpfel mit einem Apfelausstecher entfernen, die Äpfel schälen und mit Zitronensaft beträufeln.

- Die Eier trennen. Eigelb, Butter und Zucker schaumig rühren. Quark, Zitronenschale und Haferflocken unterrühren. Das Eiweiß steif schlagen und unter die Quarkmasse heben.

- Eine mittelgroße Auflaufform fetten. Die Quarkmasse hineingeben, die Äpfel daraufsetzen, mit Konfitüre füllen und etwa 40 Minuten backen. Noch heiß servieren (siehe Foto).

Äpfel im Schlafrock

FÜR 6 PORTIONEN

FÜR DEN MÜRBETEIG
250 g Mehl, mehr zum Ausrollen
1 Prise Salz
1 Ei
100 g Zucker
150 g kalte Butter

AUSSERDEM
6 mittelgroße säuerliche Äpfel (z.B. Boskop, Elstar), geschält und Kerngehäuse ausgestochen
6 EL Konfitüre nach Geschmack
1 Ei, getrennt

- Mehl und Salz mischen, auf die Arbeitsfläche sieben und aufhäufen. In die Mitte eine Vertiefung drücken, das Ei hineingeben, den Zucker darüberstreuen. Die gewürfelte Butter auf dem Mehl verteilen und alles rasch zu einem glatten Teig verkneten. In Klarsichtfolie gewickelt 30 Minuten im Kühlschrank ruhen lassen.

- Den Backofen auf 180 °C vorheizen. Den Teig auf leicht bemehlter Arbeitsfläche 2–3 Millimeter dick ausrollen und in sechs gleich große Quadrate schneiden. Aus den Teigresten kleine Formen ausstechen.

- Die Äpfel mit Konfitüre füllen und auf die Mitte der Teigquadrate setzen. Die Teigränder mit Eiweiß bestreichen und über den Äpfeln zusammendrücken. Mit den Teigformen verzieren. Das Eigelb mit 1 Teelöffel Wasser verquirlen und den Teig damit bestreichen. Die Äpfel in etwa 30 Minuten goldbraun backen. Warm oder kalt servieren.

Pfannkuchen mit Apfelkompott

FÜR 4 PORTIONEN

FÜR DIE PFANNKUCHEN
200 g Mehl
1 EL Zucker
1 Prise Salz
4 Eier
250 ml Milch
Butter oder Öl zum Ausbacken

FÜR DAS APFELKOMPOTT
750 g säuerliche Äpfel
Zucker nach Geschmack
1 Stück Zimtstange
2 EL frischer Zitronensaft

- Für das Kompott die Äpfel schälen, entkernen und in Würfel schneiden. Mit Zucker, Zimtstange und 4 Esslöffeln Wasser zugedeckt 10–15 Minuten bei mittlerer Hitze dünsten. Wenn die Apfelstücke weich sind, den Zitronensaft hinzufügen und das Kompott abkühlen lassen. Die Zimtstange entfernen.

- Mehl, Zucker und Salz in einer Schüssel vermischen. In einer zweiten Schüssel die Eier mit der Milch verquirlen, langsam zum Mehl geben und zu einem glatten, dickflüssigen Teig verrühren.

- Jeweils etwas Fett in einer Pfanne erhitzen und nacheinander acht dünne Pfannkuchen backen. Die gebackenen Pfannkuchen zugedeckt im Backofen bei 50 °C warm halten. Heiß mit dem Apfelkompott servieren.

Quarkpfannkuchen

FÜR 4 PORTIONEN

50 g weiche Butter
40 g Zucker
2 Eier
Mark von 1 Vanilleschote
500 g Quark
150 g Mehl
Öl zum Ausbacken

- Butter und Zucker schaumig rühren. Die Eier nach und nach dazugeben und jedes Mal den Teig glatt rühren. Vanillemark und Quark unter die Eimasse mischen. Zum Schluss das Mehl unterrühren.

- Etwas Öl in einer großen Pfanne erhitzen und jeweils drei kleine Pfannkuchen gleichzeitig backen. Dazu je 1 gehäuften Esslöffel Teig in die Pfanne geben und zu einer 2–3 Millimeter dicken Scheibe ausstreichen. Von beiden Seiten goldgelb backen. Im Backofen bei 50 °C warm halten. Nach Belieben mit eingemachtem Obst, Kompott, Konfitüre oder Zimtzucker servieren (siehe Foto).

Crêpes mit Nutella

FÜR ETWA 15 CRÊPES

250 g Mehl
3 Eier
500 ml Milch
20 g Butter, zerlassen (oder 2 EL Öl)
1 Prise Salz

AUSSERDEM

Butter zum Ausbacken
Nutella

- Das Mehl in eine Schüssel sieben und in die Mitte eine Vertiefung drücken. Die Eier hineingeben und mit etwas Mehl verrühren. Langsam die Milch dazugießen und alles zu einem glatten, recht flüssigen Teig verrühren. Butter und Salz untermischen. Den Teig 2 Stunden bei Zimmertemperatur ruhen lassen.

- Nach der Ruhezeit den Teig erneut durchrühren und eventuell etwas Wasser oder Milch dazugeben, wenn er zu dickflüssig ist.

- Etwas Butter in einer mittelgroßen Pfanne erhitzen. Etwa einen halben Schöpflöffel Teig hineingeben und die Pfanne dabei schwenken, sodass sich der Teig darin dünn verteilt. Der Crêpe soll sehr dünn sein. Den Crêpe bei mittlerer Hitze von beiden Seiten goldbraun backen. Auf diese Weise etwa 14 weitere Crêpes backen, dabei die Pfanne jedes Mal erneut leicht fetten.

- Die gebackenen Crêpes zugedeckt im Backofen bei 50 °C warm halten. Noch heiß mit Nutella bestreichen und sofort servieren.

Kaiserschmarrn

FÜR 4 PORTIONEN

30 g Rosinen
2 EL Rum
160 g Mehl
1 Prise Salz
250 ml Milch
4 Eier
60 g Butter

AUSSERDEM

Puderzucker (oder Zimtzucker)
Kompott nach Geschmack (z.B. Pflaume, Preiselbeere, Kirsche)

- Die Rosinen mit dem Rum übergießen und über Nacht quellen lassen.

- Mehl, Salz und Milch glatt rühren. Die Eier trennen. Das Eigelb und die Rumrosinen unter den Teig mischen. Das Eiweiß steif schlagen und vorsichtig unterheben.

- Die Hälfte der Butter in einer großen Pfanne erhitzen. Den Teig darin bei schwacher Hitze 4–5 Minuten backen, bis die Unterseite goldbraun ist. Den Schmarrn wenden (auch wenn die Oberseite noch etwas flüssig ist) und die andere Seite ebenfalls goldbraun backen.

- Den Schmarrn in kleine Stücke reißen. Die restliche Butter hinzufügen, die Stücke im heißen Fett wenden und darin knusprig backen. Mit Puderzucker bestauben und Kompott dazu reichen.

Salzburger Nockerln

FÜR 4 PORTIONEN

6 Eiweiß
1 Prise Salz
60 g Zucker
Mark von 1 Vanilleschote
4 Eigelb
2 EL Mehl
Butter für die Form
1–2 EL Puderzucker zum Bestauben

- Den Backofen auf 200 °C vorheizen. Das Eiweiß mit dem Salz halbsteif schlagen. Zucker und Vanillemark zufügen und weiterschlagen, bis der Eischnee glänzend und sehr fest ist. Das Eigelb verquirlen und unter den Eischnee rühren. Das Mehl daraufsieben und unterheben.

- Die Eischneemasse in eine gefettete Auflaufform geben und mit einer Teigkarte drei steile Bergkuppeln formen (sie sollen die Salzburger Berge darstellen). 8–10 Minuten backen, ohne die Tür zu öffnen. Die Nockerln sollen außen goldbraun, innen aber noch weich sein. Mit Puderzucker bestaubt sofort servieren. Nach Belieben warme Himbeersauce oder Vanillesauce (siehe Seite 122) dazu reichen.

Rundum satt und zufrieden ...

Kartoffelpuffer waren bei uns Kindern ausgesprochen beliebt zum Mittagessen. Da wir nach der Schule immer großen Appetit hatten, gab meine Mutter kurzerhand das mühselige Reiben der rohen Kartoffeln an uns Kinder ab. So kam schnell die nötige Menge zusammen und sie konnte in der Zwischenzeit das Apfelkompott kochen, das dann noch warm auf den Tisch kam.

Wenn wir so richtig Appetit auf Waffeln hatten, machte meine Großmutter immer das doppelte Rezept. Die erste Hälfte verschlangen wir noch heiß, nur mit Zucker bestreut. Sobald wir dann etwas gesättigt waren, probierten wir alle Varianten durch, strichen Marmelade, Schlagsahne oder Pflaumenmus drauf oder tunkten die Waffeln in dickflüssige geschmolzene Schokolade.

CHOCOLAT MENIER
CHOCOLAT MENIER
MENIER
160 TABLETTES
MENIER
5 CENTIMES
BOITE DE
40 TABLETTES
CHOCOLAT
MENIER
Firmin Bouisset
AFFICHES-CAMIS. PARIS

Mehlbüddel

FÜR 8 PORTIONEN

½ Würfel frische Hefe (21 g)
200 ml warme Milch
3 EL Zucker
1 großes Ei oder 2 kleine Eier
gemahlener Zimt und Kardamom
abgeriebene Schale von 1 unbehandelten Zitrone
Salz
350 g Mehl
150 g Backobst (z.B. Pflaumen, Äpfel, Aprikosen, Rosinen), je nach Sorte entsteint

- Die zerbröckelte Hefe mit 5 Esslöffeln warmer Milch und 1 Esslöffel Zucker verrühren. Zugedeckt 15 Minuten an einem warmen Ort ohne Zugluft gehen lassen.

- Das Ei mit der restlichen Milch, dem restlichen Zucker, den Gewürzen, der Zitronenschale und einer Prise Salz verquirlen. Das Mehl und die aufgegangene Hefe dazugeben und alles 5–10 Minuten mit den Knethaken des Handrührgeräts oder einem Holzlöffel kräftig kneten oder schlagen. Den Teig zugedeckt etwa 30 Minuten an einem warmen Ort gehen lassen, bis sich sein Volumen verdoppelt hat.

- Einen großen und hohen Topf zur Hälfte mit Wasser füllen, 1 Teelöffel Salz zufügen und zum Kochen bringen. Einen Teller auf den Boden des Topfes legen, um ein Anbrennen des Tuches zu verhindern.

- Den Teig erneut kurz durchkneten und zu einem Kloß formen. Ein großes Leinentuch auf der Arbeitsfläche ausbreiten und in der Mitte mit Mehl bestauben. Das Backobst darauf verteilen und den Hefekloß darauflegen.

- Das Tuch zusammenknoten und dabei genug Luft lassen, damit der Teig sein Volumen verdoppeln kann. Den Beutel mithilfe von zwei Kochlöffeln in den Topf hängen, sodass er sich zur Hälfte im kochenden Salzwasser befindet. Zugedeckt 2 Stunden bei mittlerer Hitze garen. Bei Bedarf etwas kochendes Wasser nachgießen.

- Den Mehlbüddel aus dem Topf nehmen, 5 Minuten ausdampfen lassen und auf einen Teller stürzen. Nach Belieben mit zerlassener Butter und Zimtzucker oder warmem, leicht angedicktem Kirschsaft servieren.

Dampfnudeln mit Vanillesauce

FÜR 6 PORTIONEN

250 g Mehl, mehr zum Verarbeiten
125 ml lauwarme Milch
15 g Hefe
25 g Zucker, mehr zum Garen
25 g Butter, mehr für den Topf
1 Ei
abgeriebene Schale von 1 unbehandelten Zitrone
1 Prise Salz

AUSSERDEM

1 Rezept Vanillesauce *(siehe Seite 122)*

- Das Mehl in eine Schüssel geben und in die Mitte eine Vertiefung drücken. Die Hälfte der Milch mit der zerbröckelten Hefe und 1 Teelöffel Zucker in die Mehlmulde geben und mit etwas Mehl vom Rand zu einem dickflüssigen Teig verrühren. Den Vorteig abgedeckt an einem warmen Ort ohne Zugluft 15 Minuten gehen lassen, bis sich sein Volumen verdoppelt hat.

- Die Butter in der restlichen Milch schmelzen lassen. Mit dem restlichen Zucker, Ei, Zitronenschale und Salz zum Vorteig geben und so lange kneten, bis ein elastischer Teig entstanden ist, der sich vom Schüsselrand löst. 1–2 Stunden wie oben beschrieben gehen lassen.

- Den Teig auf der bemehlten Arbeitsfläche kurz durchkneten und zu einer Rolle formen. Diese in sechs gleich große Stücke schneiden und daraus Klößchen formen. Die Klöße auf ein bemehltes Backbrett setzen und mit einem Tuch bedeckt weitere 30 Minuten gehen lassen.

- Einen Kochtopf (etwa 22 Zentimeter Durchmesser) mit dickem Boden fetten. 1–2 Esslöffel Zucker daraufstreuen und 125 Milliliter Wasser zufügen. Die Hefeteigklöße nebeneinander in den Topf geben und den Deckel fest auflegen, damit kein Dampf entweichen kann.

- Die Dampfnudeln bei mittlerer Hitze 15–20 Minuten garen, ohne den Deckel abzunehmen. Sobald es nach Karamell duftet, sind die Dampfnudeln fertig. Heiß mit Vanillesauce servieren.

Quarkknödel mit Aprikosenkompott

FÜR 4 PORTIONEN

2 Eier
40 g Zucker
500 g Quark (20–40 % Fettgehalt), gut abgetropft (siehe Tipp)
abgeriebene Schale von 1 unbehandelten Zitrone
30 g Mehl
5 EL Grieß
1–2 EL Korinthen

AUSSERDEM
750 g vollreife Aprikosen
50 g Butter
80 g Semmelbrösel
30 g Zucker

- Eier und Zucker schaumig schlagen. Quark, Zitronenschale, Mehl und Grieß dazugeben und glatt rühren. Zum Schluss die Korinthen zufügen. Den Teig 2 Stunden kalt stellen.

- Die Aprikosen waschen, halbieren und entsteinen. Große Früchte vierteln. Mit einer Tasse Wasser zum Kochen bringen und bei schwacher Hitze 10–15 Minuten garen. Die Aprikosen sollen weich sein, aber nicht vollständig zerfallen.

- 3 Liter Wasser mit ½ Teelöffel Salz zum Kochen bringen. Mit zwei Esslöffeln zwölf Knödel aus dem Quarkteig formen, in das kochende Salzwasser geben und sofort die Hitze reduzieren. Sobald sie an die Oberfläche steigen, die Knödel noch 6–7 Minuten im knapp siedenden Wasser gar ziehen lassen.

- Inzwischen die Butter in einer Pfanne erhitzen. Semmelbrösel und Zucker darin unter ständigem Rühren leicht karamellisieren lassen.

- Die Quarkknödel mit einer Schaumkelle herausheben, gut abtropfen lassen und in den karamellisierten Semmelbröseln wenden. Sofort mit dem Aprikosenkompott servieren.

Für 500 Gramm abgetropfte Quarkmasse 1 Kilogramm Quark in ein mit einem sauberen Tuch ausgelegtes Sieb geben, über eine Schüssel hängen und mindestens 24 Stunden im Kühlschrank abtropfen lassen.

Ofenschlupfer

FÜR 6–8 PORTIONEN

5 altbackene Brötchen, in Scheiben geschnitten
375 ml lauwarme Milch
80 g weiche Butter, mehr für die Form
75 g Zucker
Mark von 1 Vanilleschote
3 Eier
50 g Mandeln, grob gehackt
1 Prise Salz
750 g Kirschen, halbiert und entsteint

- Die Brötchen mit der Milch übergießen und 10 Minuten quellen lassen. Den Backofen auf 180 °C vorheizen.

- 60 Gramm Butter mit Zucker und Vanillemark schaumig rühren. Die Eier trennen. Das Eigelb nach und nach unterrühren. Die Eigelbmasse mit den aufgeweichten Brötchen und den Mandeln vermengen. Das Eiweiß mit dem Salz steif schlagen und unterheben. Die Kirschen untermischen.

- Die Masse in die gefettete Auflaufform geben und glatt streichen. Die restliche Butter in Flöckchen darauf verteilen. Den Ofenschlupfer 40–50 Minuten backen. (Nach 25 Minuten mit Backpapier bedecken, falls er zu stark bräunt.) Warm servieren, nach Belieben Vanillesauce (Rezept siehe Seite 122) dazu reichen (siehe Foto).

Grießauflauf

FÜR 6 PORTIONEN

1 l Milch
30 g Butter, mehr für die Form
1 Vanilleschote
150 g grober Grieß
3 Eier
80 g Zucker
800 g eingemachtes Obst (z.B. Pflaumen, Mirabellen, Kirschen)
1 Prise Salz

- Milch und Butter in einen Topf geben. Die Vanilleschote längs aufschneiden, das Mark herausschaben und beides hinzufügen. Die Milch zum Kochen bringen. Den Grieß unter ständigem Rühren hineinrieseln lassen. 1–2 Minuten bei schwacher Hitze köcheln lassen, dann vom Herd nehmen. Den Grieß ausquellen und abkühlen lassen, die Vanilleschote entfernen. Den Backofen auf 180 °C vorheizen.

- Die Eier trennen. Das Eigelb mit dem Zucker schaumig schlagen. Den Grießbrei löffelweise unterrühren. Das gut abgetropfte Obst vorsichtig untermengen. Das Eiweiß mit dem Salz steif schlagen und unterheben.

- Den Grießbrei in eine gefettete Auflaufform geben, glatt streichen und 40–50 Minuten backen. Warm servieren.

Topfenstrudel

FÜR 12 PORTIONEN

FÜR DEN TEIG

250 g Mehl, mehr zum Verarbeiten

2–3 EL neutrales Öl, mehr zum Verarbeiten

1 Prise Salz

FÜR DIE FÜLLUNG

50 g Rosinen

3 EL Rum (oder Wasser)

500 g Quark (20–40 % Fettgehalt), gut abgetropft (siehe Tipp Seite 79)

2 Eigelb

60 g Zucker

abgeriebene Schale von 1 unbehandelten Zitrone

AUSSERDEM

60 g Butter, zerlassen und abgekühlt, mehr für das Backblech

50 g Semmelbrösel

Puderzucker zum Bestauben

- Das Mehl in eine Schüssel sieben, in die Mitte eine Vertiefung drücken und Öl und Salz hineingeben. Mit 125 Milliliter lauwarmem Wasser zu einem geschmeidigen Teig verkneten. Zu einer Kugel formen, mit Öl bestreichen und mit Klarsichtfolie abgedeckt 2 Stunden an einem warmen Ort ruhen lassen. Währenddessen die Rosinen im Rum quellen lassen.

- Quark, Eigelb, Zucker und Zitronenschale glatt rühren. Die Rumrosinen untermengen.

- Den Backofen auf 220 °C vorheizen. Ein sauberes Tuch (etwa 1 × 0,75 Meter) reichlich mit Mehl bestauben. Den Teig darauflegen, mit Mehl bestauben und etwas flach drücken. Zu einem Rechteck (etwa 20 × 30 Zentimeter) ausrollen. Den Teig über die Handrücken vorsichtig zu einem hauchdünnen Rechteck ausziehen, dicke Teigränder abschneiden. Mit etwas zerlassener Butter bestreichen und mit Semmelbröseln bestreuen, dabei 4 Zentimeter Rand frei lassen.

- Die Quarkmasse auf der Hälfte des Rechtecks (von der schmalen Seite her) verteilen, dabei zu jeder Seite 4 Zentimeter Rand lassen. Die Teigränder auf die Füllung umschlagen. Den Strudel mithilfe des Tuches anheben, von der gefüllten Seite her aufrollen und mit der Nahtstelle nach unten auf ein gefettetes Backblech setzen. Mit der restlichen Butter bestreichen und 35–40 Minuten backen. 10 Minuten ruhen lassen, mit Puderzucker bestaubt warm servieren.

Buchteln

FÜR 12 BUCHTELN

375 g Mehl, mehr zum Verarbeiten
150 ml lauwarme Milch
½ Würfel frische Hefe (21 g)
50 g Zucker
80 g Butter, mehr für die Form
1 großes Ei oder 2 kleine Eier
abgeriebene Schale von 1 unbehandelten Zitrone
Salz

AUSSERDEM

600 g Blaubeeren (oder Preiselbeeren, Brombeeren)
60 g Zucker (mehr nach Geschmack)

- Das Mehl in eine Schüssel geben und in die Mitte eine Vertiefung drücken. Die Hälfte der Milch mit der zerbröckelten Hefe und 1 Teelöffel Zucker in die Mehlmulde geben und mit etwas Mehl vom Rand zu einem dickflüssigen Teig verrühren. Den Vorteig abgedeckt an einem warmen Ort ohne Zugluft 15 Minuten gehen lassen, bis sich sein Volumen verdoppelt hat.

- 50 Gramm Butter in der restlichen Milch schmelzen lassen. Mit dem restlichen Zucker, Ei, Zitronenschale und Salz zum Vorteig geben und so lange kneten, bis ein elastischer Teig entstanden ist, der sich vom Schüsselrand löst. 1–2 Stunden wie oben beschrieben gehen lassen.

- Eine ovale oder rechteckige Auflaufform (etwa 20 × 30 Zentimeter) fetten. Die restliche Butter zerlassen. Den aufgegangenen Hefeteig auf leicht bemehlter Arbeitsfläche kurz durchkneten und zu einer Rolle formen. Diese in zwölf gleich große Stücke schneiden und zu Klößchen formen. Die Klöße in der flüssigen Butter wenden und nebeneinander in die Auflaufform setzen. Mit einem Tuch abgedeckt weitere 20–25 Minuten gehen lassen. Den Backofen auf 180 °C vorheizen.

- Die Buchteln im heißen Ofen 30–35 Minuten goldbraun backen. Währenddessen die Beeren verlesen, abbrausen und mit dem Zucker und ½ Tasse Wasser kurz aufkochen. Die frisch gebackenen Buchteln mit dem warmen Kompott servieren.

Was uns immer schmeckt

Holunderbeersuppe war bei uns eigentlich ein warmer Nachtisch im Winter. Meine Eltern servierten sie allerdings meist nach einem Hauptgericht, das wir Kinder nicht mochten, sodass sie für uns zum Sattessen da war. Denn von dem eigentlichen Hauptgericht aßen wir nur ganz wenig, um hinterher einen großen Teller Holunderbeersuppe mit Grießklößen zu bekommen.

Es fielen häufig Hefezopf- oder andere Weißbrotreste bei uns an und schon als Kinder hatten wir schnell heraus, wie einfach es war, Arme Ritter zu machen. Einfach schnell die Reste in Eiermilch wenden und in Butter anbraten … und natürlich gleich mit viel Zucker und Zimt verschlingen.

Meine Schwester Eva liebte es, Buchteln zu backen. Wenn ich eine Radtour mit meinen Freundinnen geplant hatte und sie mitwollte, backte sie schnell welche und die Radtour endete mit einem gemütlichen und leckeren Picknick im Grünen.

Holunderbeersuppe mit Grießklößchen

FÜR 4 PORTIONEN

FÜR DIE SUPPE

1 l Holunderbeersaft
60 g Zucker (mehr nach Geschmack)
1 Stück Schale von 1 unbehandelten Zitrone
1–2 Nelken
1 Stück Zimtstange
20–30 g Speisestärke

FÜR DIE KLÖSSCHEN

250 ml Milch
1 EL Butter
2 EL Vanillezucker
130 g grober Grieß
1 Ei

- Den Holunderbeersaft mit Zucker, Zitronenschale, Nelken und Zimtstange in einem Topf erhitzen. Die Speisestärke mit 3 Esslöffeln kaltem Wasser glatt rühren und langsam in den heißen Holunderbeersaft gießen. Den Saft unter Rühren kurz aufkochen und leicht andicken lassen. Die Zitronenschale, Nelken und Zimtstange entfernen.

- In einem zweiten Topf die Milch mit der Butter und dem Vanillezucker zum Kochen bringen. Den Grieß hineinrieseln lassen und unter Rühren 2–3 Minuten sanft köcheln lassen, bis ein dicker Brei entstanden ist, der sich vom Topfboden löst. Vom Herd nehmen und das Ei unterrühren.

- Die heiße Holunderbeersuppe auf tiefe Teller verteilen. Mit zwei Esslöffeln aus dem Grießbrei Klößchen formen und vorsichtig in die Holunderbeersuppe gleiten lassen.

Arme Ritter

FÜR 4 PORTIONEN

2 Eier
200 ml Milch
2 TL Zucker
8 Scheiben altbackenes Weißbrot
30 g Butter

AUSSERDEM

Zimtzucker zum Bestreuen
Konfitüre nach Geschmack

- Eier, Milch und Zucker in einem tiefen Teller gut verquirlen. Die Brotscheiben nacheinander darin wenden und auf einen großen Teller legen.

- Die Hälfte der Butter in einer großen Pfanne erhitzen. Vier Brotscheiben in die heiße Butter geben und von beiden Seiten in etwa 3 Minuten goldbraun braten. Warm stellen. Die restliche Butter erhitzen und die übrigen Brotscheiben ebenso braten.

- Die Armen Ritter mit Zimtzucker bestreuen. Konfitüre dazu reichen.

Die altbackenen Brötchen lassen sich gut durch trocken gewordene Reste eines Hefezopfs ersetzen.

Süßes zum Nachtisch

Himbeer-Götterspeise

FÜR 1 PUDDINGFORM (1,5 L INHALT) ODER 8–10 PORTIONEN

2,5 kg frische Himbeeren (oder TK-Ware)
300 g Zucker
10 Blatt Gelatine
250 g frische Beeren (z.B. Erdbeeren, Brombeeren, Himbeeren)

- Die Himbeeren verlesen, kurz abbrausen und mit 50 Milliliter Wasser in einem Topf bei schwacher Hitze langsam zum Kochen bringen. 1–2 Minuten köcheln lassen, bis der Saft austritt. Ein großes, feinmaschiges Sieb in einen Topf hängen. Die Himbeeren mit dem Saft hineingießen und passieren.

- Die Gelatine in kaltem Wasser 5 Minuten quellen lassen. Den aufgefangenen Himbeersaft abmessen und auf 1 Liter einkochen. Den Zucker hinzugeben und rühren, bis der Zucker geschmolzen ist. Die Gelatine leicht ausdrücken, Blatt für Blatt in den heißen, aber nicht kochenden Saft geben und so lange rühren, bis die Gelatine sich vollständig aufgelöst hat. Den Saft abkühlen lassen.

- Die frischen Beeren verlesen, kurz abbrausen und gut abtropfen lassen. Die Puddingform mit kaltem Wasser ausspülen. Den Himbeersaft in die Form gießen, 100 Gramm frische Beeren hinzugeben und für 6 Stunden kühl stellen.

- Mit einer Messerspitze die fest gewordene Götterspeise vom Rand der Form lösen und auf einen großen Teller stürzen. Mit den übrigen Früchten dekorieren und nach Belieben mit Schlagsahne servieren.

Um das Stürzen der Götterspeise zu erleichtern, die Form kurz in heißes Wasser stellen, abtrocknen, einen flachen Teller auflegen und die Form wenden.
Soll die Götterspeise klar sein, die Himbeeren 3 Stunden im Sieb abtropfen lassen, ohne die Früchte zu pressen.

Karamellpudding

FÜR 1 RUNDE PUDDING- ODER SOUFFLÉFORM (1 L INHALT)

FÜR DEN KARAMELL

80 g Zucker
½ TL frischer Zitronensaft

FÜR DEN PUDDING

1 Vanilleschote
500 ml Milch
2 Eier und 4 Eigelb
50 g Zucker

- Zucker, Zitronensaft und 3 Esslöffel Wasser bei mittlerer Hitze so lange kochen lassen, bis ein hellbrauner Karamell enstanden ist. Den Karamell sofort in die Form gießen und diese dabei drehen, sodass Boden und Rand bedeckt sind. Abkühlen lassen.

- Die Vanilleschote längs halbieren und das Mark herausschaben. Beides mit der Milch aufkochen, dann zugedeckt 15 Minuten ziehen lassen. Den Backofen auf 160 °C vorheizen. Eier, Eigelb und Zucker schaumig schlagen. Die heiße Milch langsam untermischen. Die Eiermasse im Topf unter Rühren cremig werden lassen. (Die Vanillecreme darf nicht kochen!)

- Die Vanilleschote entfernen und die Creme auf den Karamell gießen. In ein heißes Wasserbad stellen und im Backofen 45–50 Minuten garen. Den vollständig abgekühlten Pudding stürzen (siehe Foto).

Vanillepudding

FÜR 4 PORTIONEN

1 Vanilleschote
500 ml Milch plus 4 EL zum Anrühren
40 g Zucker
2 gestr. EL Speisestärke
3 Eigelb

- Die Vanilleschote längs aufschneiden, das Mark herausschaben und beides mit der Milch und dem Zucker kurz aufkochen lassen. 15 Minuten zugedeckt ziehen lassen, dann die Vanilleschote entfernen.

- Die Speisestärke mit 2 Esslöffeln Milch glatt rühren und langsam in die heiße Vanillemilch rühren. Kurz aufkochen und andicken lassen. Vom Herd nehmen.

- Das Eigelb mit der restlichen Milch verquirlen und unter den noch heißen Pudding rühren. Abkühlen lassen.

VARIANTE: Für einen Schokoladenpudding die Vanilleschote durch 100 Gramm Zartbitterschokolade ersetzen, dann wie Vanillepudding zubereiten.

Schokoladensoufflé

FÜR 1 SOUFFLÉFORM (1 L INHALT) ODER 4 PORTIONEN

Butter und Zucker für die Form
250 g Zartbitterschokolade
2 EL Milch
4 Eigelb
60 g Zucker
4 EL Crème fraîche (oder saure Sahne)
abgeriebene Schale von ½ unbehandelten Orange
6 Eiweiß
1 Prise Salz
1 EL ungesüßter Kakao oder Puderzucker zum Bestauben

- Die Souffléform fetten, Zucker hineinstreuen und die Form drehen und wenden, sodass Boden und Rand mit Zucker bedeckt sind. In den Kühlschrank stellen.

- Den Backofen auf 210 °C vorheizen. Die zerkleinerte Schokolade mit der Milch im heißen Wasserbad schmelzen lassen. Eigelb und Zucker schaumig schlagen. Schokoladenmasse, Crème fraîche und Orangenschale unterrühren und abkühlen lassen.

- Das Eiweiß mit dem Salz steif schlagen und unter die Schokoladencreme heben. Vorsichtig in die Form füllen, ohne die Innenseite der Form mit den Fingern zu berühren oder Spritzer zu hinterlassen, da sonst das Soufflé nicht gleichmäßig aufgeht. Mindestens 1 Zentimeter Rand frei lassen.

- Die Backofentemperatur auf 180 °C reduzieren und das Soufflé 25–30 Minuten backen, ohne die Ofentür zu öffnen. Das Soufflé mit Kakao oder Puderzucker bestauben und servieren (siehe Foto).

Mousse au Chocolat

FÜR 4 PORTIONEN

150 g Zartbitterschokolade
50 g weiche Butter
3 Eier
1 Prise Salz
30 g Puderzucker (mehr nach Geschmack)

- Die zerkleinerte Schokolade im heißen Wasserbad schmelzen lassen. Aus dem Wasserbad nehmen, die Butter stückchenweise unterrühren.

- Die Eier trennen. Das Eigelb nach und nach unter die Schokoladenmasse rühren. Das Eiweiß mit dem Salz halbsteif schlagen. Den Puderzucker langsam dazugeben und weiterschlagen, bis der Eischnee sehr fest ist.

- 2 Esslöffel Eischnee unter die Schokoladenmasse rühren, um sie aufzulockern, dann den Rest vorsichtig unterheben. Auf vier Gläser verteilen und für mindestens 6 Stunden kühl stellen.

Die Krönung zum Schluss!

Unsere berufstätige Mutter – sie war Lehrerin – kam mittags zur gleichen Zeit nach Hause wie wir Kinder (und war sicher ebenso hungrig). Sie musste sich dann sofort die Schürze umbinden und in Windeseile ein schnelles Mittagessen zaubern, um uns hungrige Meute zu füttern. Milchreis hatte den Vorteil, dass er alleine kochen konnte: Meine Mutter kochte morgens den Reis an und steckte den verschlossenen Topf dann, dick mit Daunendecken umwickelt, ins Bett. Zum Mittagessen erwartete uns der fertige, noch heiße Milchreis und wurde kurzerhand zum Hauptgericht – was uns Kindern natürlich mehr als recht war.

Meine Mutter stellte Götterspeise aus selbst eingemachten Fruchtsäften und Sago her, in jeweils zwei oder drei verschiedenen Farben. Die bunten Wackelpuddinge wurden in Würfel geschnitten – sie hießen dann bei uns Klicker-Klacker – und in einer großen Schale angerichtet. Wir Kinder machten uns sofort darüber her und verschlangen die glibberigen Teile, indem einer den anderen im Schmatzen und Schlürfen zu übertreffen versuchte.

Eis war mit das Beste überhaupt für uns. Lange Zeit kannten wir nur drei Sorten: Vanille, Erdbeer und Schokolade. Wenn es kein selbst gemachtes Eis von meiner Mutter gab, gingen wir in den Dorfladen und kauften Eis am Stiel. Auch hier gab es nur Erdbeer-, Vanille- und Schokoladeneis.

Quarkspeise zum Nachtisch schmeckte uns Kindern so gut, dass immer einer von uns vieren freiwillig im Garten hinter dem Haus schnell eine kleine Schüssel voll Johannisbeeren pflückte. Denn die gehörten dazu!

Birne Helene

FÜR 6 PORTIONEN

1 Rezept Vanilleeis (siehe Seite 118)

FÜR DIE BIRNEN

100 g Zucker
Saft von 1 Zitrone
3 große reife Birnen (Williams Christ)

FÜR DIE SCHOKOLADENSAUCE

200 g Zartbitterschokolade
150 ml Sahne

- Zucker, Zitronensaft und 500 Milliliter Wasser 10 Minuten bei schwacher Hitze kochen lassen. Die Birnen schälen, halbieren und entkernen. Die Birnenhälften im Zuckersirup etwa 10 Minuten dünsten, bis sie weich und etwas durchsichtig sind. Im Sirup abkühlen lassen.

- Die zerkleinerte Schokolade mit der Sahne erhitzen und darin schmelzen. Etwa 75 Milliliter Birnensirup dazugeben und glatt rühren. Die Schokoladensauce soll recht dünn sein, bei Bedarf noch etwas Sirup hinzufügen.

- In sechs große Gläser oder Dessertschalen jeweils zwei Kugeln Vanilleeis und eine Birnenhälfte geben. Mit lauwarmer Schokoladensauce übergießen und sofort servieren. Nach Belieben Schlagsahne dazu reichen.

Rote Grütze mit Sahne

FÜR 8 PORTIONEN

750 g frische rote Beeren und Früchte (z.B. Himbeeren, Kirschen, Johannisbeeren, Erdbeeren, Blaubeeren), ersatzweise TK-Ware
80–100 g Zucker (je nach Säure der Früchte)
50 g Speisestärke
250 ml gekühlte Sahne

- Die Früchte verlesen, kurz abbrausen, Kirschen entsteinen. Mit dem Zucker und 500 Milliliter Wasser (bei TK-Ware nur 400 Milliliter) erhitzen.

- Die Speisestärke mit 3 Esslöffeln Wasser glatt rühren und die heiße Fruchtsuppe damit binden. Einmal aufkochen lassen, umrühren und in eine mit kaltem Wasser ausgespülte Schüssel füllen.

- Die Grütze abkühlen lassen und mit flüssiger Sahne servieren (siehe Foto).

VARIANTE: Die Sahne lässt sich gut durch Vanillesauce ersetzen.

Errötendes Mädchen

FÜR 4 PORTIONEN

2 Blatt rote Gelatine
250 ml Buttermilch
40 g Zucker
1 EL frischer Zitronensaft
8–10 EL Preiselbeerkompott
125 ml gekühlte Sahne

- Die Gelatine 10 Minuten in kaltem Wasser einweichen. Buttermilch, Zucker und Zitronensaft in einer Schüssel verrühren. Das Preiselbeerkompott in ein Sieb geben und den Saft auffangen.

- Den Preiselbeersaft in einem Topf erhitzen, aber nicht kochen lassen. Die leicht ausgedrückte Gelatine in den heißen Saft geben und umrühren, bis sie sich vollständig aufgelöst hat. Den Preiselbeersaft sowie zwei Drittel der Preiselbeeren mit der Buttermilch mischen. Für etwa 15 Minuten in den Kühlschrank stellen, bis die Buttermilch zu gelieren beginnt.

- Die Sahne steif schlagen und vorsichtig unter die halbfeste Buttermilch heben. Die Masse auf vier Gläser verteilen, mit den restlichen Preiselbeeren dekorieren und für 2 Stunden kühl stellen.

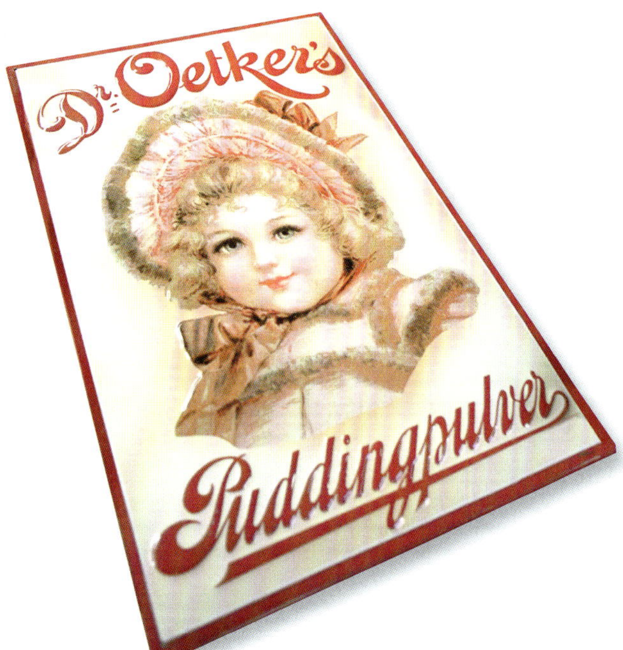

Kaiserreis

FÜR 4 PORTIONEN

500 ml Milch
60 g Zucker
100 g Rundkornreis
1 Vanilleschote
2 Blatt Gelatine
500 g reife Pfirsiche (oder Aprikosen)
einige Erdbeeren
250 ml gekühlte Sahne

- Milch, Zucker und Reis in einen Topf geben. Die Vanilleschote längs aufschneiden, das Mark herausschaben und beides ebenfalls in den Topf geben. Die Milch mit dem Reis kurz aufkochen, dann bei sehr schwacher Hitze halb bedeckt 35 Minuten köcheln lassen. Den Reis vom Herd nehmen und bei geschlossenem Deckel 10 Minuten ausquellen lassen.

- Die Gelatine 10 Minuten in kaltem Wasser einweichen, dann ausdrücken und unter den heißen Reis rühren. Den Reis vollständig abkühlen lassen, die Vanilleschote entfernen.

- Die Pfirsiche häuten, entsteinen und in kleine Würfel schneiden. Die Erdbeeren in Stücke schneiden. Die Sahne steif schlagen. Ein Viertel der Pfirsichstückchen mit dem kalten Reis verrühren, dann vorsichtig die Sahne unterheben.

- Die Hälfte der Reismasse in vier hohe Gläser füllen. Ein paar Pfirsichwürfel und Erdbeerstücke zum Dekorieren beiseitelegen und den Rest auf die vier Gläser verteilen. Den restlichen Reis daraufgeben, mit den übrigen Pfirsich- und Erdbeerstückchen dekorieren und für 2 Stunden kühl stellen.

Milchreis mit braunem Zucker

FÜR 6 PORTIONEN

1 l Milch
1 Vanilleschote
150 g Milchreis
60 g Zucker
30 g Butter
4 EL brauner Zucker
1 TL gemahlener Zimt

- Die Milch in einen hohen Topf gießen. Die Vanilleschote längs aufschneiden und das Mark herausschaben. Beides mit der Milch zum Kochen bringen.

- Den Reis hinzufügen, erneut aufkochen, dann bei schwacher Hitze und halb aufgelegtem Deckel 40–45 Minuten köcheln lassen. Ab und zu umrühren. Der Reis ist fertig, wenn er die Milch fast vollständig aufgesogen hat.

- Den Zucker und die Butter unterrühren, den Reis vom Herd nehmen und noch 5 Minuten ausquellen lassen. Die Vanilleschote entfernen.

- Den braunen Zucker mit dem Zimt mischen. Den Milchreis noch warm mit dem Zimtzucker servieren.

Milchreis schmeckt auch kalt sehr gut. Dazu passt Kompott aus frischen Früchten wie Aprikosen oder Kirschen.

Grießflammeri mit warmen Früchten

FÜR 4 PORTIONEN

500 ml Milch
2 EL Zucker
1 TL Butter
abgeriebene Schale von ½ unbehandelten Zitrone
1 Prise Salz
60 g grober Grieß
1 Ei
250 g Blaubeeren
100 g Himbeeren
3 EL Zucker

- Die Milch in einem Topf mit Zucker, Butter, Zitronenschale und Salz zum Kochen bringen. Bei schwacher Hitze und unter ständigem Rühren den Grieß in die kochende Milch streuen und 2–3 Minuten eindicken lassen. Den Topf vom Herd nehmen und den Grieß noch 5 Minuten ausquellen lassen.

- Das Ei trennen und das Eiweiß zu Schnee schlagen. Das Eigelb mit 1 Esslöffel Wasser verquirlen und unter den Grießbrei rühren. Zuletzt den Eischnee unterheben. Den Griesflammeri in vier kleine, mit kaltem Wasser ausgespülte Puddingförmchen füllen und für 2 Stunden kühl stellen.

- Die Beeren verlesen, kurz abbrausen und mit dem Zucker kurz aufkochen lassen, dann 3 Minuten bei schwacher Hitze garen.

- Mit einem spitzen Messer den Grießflammeri vom Rand der Förmchen lösen und auf vier Dessertteller stürzen. Mit dem warmen Beerenkompott servieren.

Quarkspeise mit Johannisbeeren

FÜR 4 PORTIONEN

350 g rote Johannisbeeren
9 EL Zucker
500 g Quark
1 Eigelb
1 Vanilleschote
200 ml Sahne

- Die Johannisbeeren unter fließendem Wasser kurz abbrausen und auf Küchenpapier abtropfen lassen. Die Beeren von den Rispen streifen und mit 5 Esslöffeln Zucker verrühren. Etwa 1 Stunde ruhen lassen, bis sich der Zucker aufgelöst hat und Saft entstanden ist.

- Den Quark mit dem restlichen Zucker, Eigelb und dem ausgeschabten Vanillemark in einer großen Schüssel mit dem Schneebesen glatt rühren. Die Sahne unterrühren, bis eine glatte Creme entstanden ist. Die Quarkspeise auf vier Schälchen oder Gläser verteilen und kalt stellen.

- Die gezuckerten Johannisbeeren kurz umrühren und auf der Quarkspeise verteilen. Sofort servieren.

Erdbeer-Stanitzel

FÜR 8 PORTIONEN

FÜR DEN TEIG

2 kleine Eier

100 g Zucker

100 g Mehl

FÜR DIE FÜLLUNG

500 ml gekühlte Sahne

4 EL Zucker

500 g Erdbeeren

Puderzucker zum Bestauben

- Eier und Zucker in einer Schüssel schaumig schlagen. Das Mehl dazugeben und alles rasch zu einem glatten Teig verrühren. Den Backofen auf 180–200 °C vorheizen.

- Den Teig in acht Portionen mit großem Abstand auf zwei mit Backpapier ausgelegten Backblechen verteilen und jeweils zu einer Scheibe von 12–13 Zentimeter Durchmesser dünn ausstreichen. Das erste Backblech 5 Minuten im heißen Ofen anbacken. Herausnehmen und etwas abkühlen lassen. Wieder in den Ofen schieben und die Stanitzel in 5–6 Minuten goldgelb backen. Sofort zu Spitztüten rollen (siehe Tipp), in kleine Gläser stellen und abkühlen lassen. Die restlichen Stanitzel ebenso backen und rollen.

- Die Sahne halbsteif schlagen, den Zucker hineinrieseln lassen und weiterschlagen, bis die Sahne sehr fest ist. Die Erdbeeren verlesen, waschen, trockentupfen und je nach Größe vierteln oder achteln. Die Früchte vorsichtig unter die Sahne heben und die abgekühlten Stanitzel mit der Masse füllen. Die Erdbeer-Stanitzel mit Puderzucker bestauben und sofort servieren.

Die Stanitzel dürfen beim Backen kaum bräunen, sonst werden sie hart und lassen sich nicht mehr formen. Zum Formen die heißen Teigscheiben mit einer Gabel anheben und um einen Kochlöffelstiel wickeln, dann zu einer Spitztüte auseinanderziehen.

Pfirsich Melba

FÜR 6 PORTIONEN

1 Rezept Vanilleeis (siehe Seite 118)

FÜR DIE PFIRSICHE

3 große reife Pfirsiche
100 g Zucker
½ Vanilleschote

FÜR DAS HIMBEERPÜREE

200 g Himbeeren
20 g Puderzucker
200 ml gekühlte Sahne
½ Päckchen Vanillezucker

- Die Pfirsiche etwa 30 Sekunden in kochendes Wasser tauchen, unter kaltem Wasser abschrecken und häuten. Die Pfirsiche halbieren und entsteinen. 500 Milliliter Wasser mit dem Zucker und der Vanilleschote in einem weiten Topf 5 Minuten kochen lassen. Die Pfirsiche hinzufügen und etwa 10 Minuten bei schwacher Hitze garen. Dann im Sirup abkühlen lassen.

- Die Himbeeren verlesen, abbrausen und mit dem Puderzucker und 3 Esslöffeln Pfirsichsirup kurz aufkochen lassen. Durch ein Sieb streichen, um die Kerne zu entfernen.

- Die Sahne mit dem Vanillezucker steif schlagen und in eine Spritztüte füllen.

- In sechs Gläser jeweils zwei Kugeln Vanilleeis geben. Je eine Pfirsichhälfte mit der Rundung nach oben daraufsetzen und mit Himbeerpüree überziehen. Mit etwas Schlagsahne dekorieren.

Verbessern lässt sich diese köstliche Kreation wohl kaum, aber Varianten sind durchaus möglich. Erdbeeren können die Himbeeren ersetzen, Kokosraspel oder gehackte Pistazien können als krönender Abschluss zur Dekoration verwendet werden.

Vanilleeis mit heißen Kirschen

FÜR 6 PORTIONEN

1 Rezept Vanilleeis (siehe Seite 118)

FÜR DIE KIRSCHEN

1 Glas Sauerkirschen, entsteint
1 Stück Zimtstange
1 Gewürznelke
2–3 EL Honig, Menge je nach Geschmack

- Die Sauerkirschen durch ein Sieb abseihen und den Saft in einem Topf auffangen. Den Kirschsaft mit Zimtstange und Gewürznelke zum Kochen bringen und bei mittlerer Hitze auf etwa 200 Milliliter einkochen lassen. Vom Herd nehmen und die Gewürze entfernen. Den Honig und die Kirschen in den heißen Saft geben und gut unterrühren.

- Jeweils zwei Kugeln Vanilleeis in sechs Gläser oder Schälchen geben, die Kirschen und etwas Saft darauf verteilen und sofort servieren.

Vanilleeis

FÜR 4–6 PORTIONEN

2 Vanilleschoten
je 250 ml Milch und Sahne
6 Eigelb
100 g Zucker

• Die Vanilleschoten längs halbieren, das Mark herausschaben. Beides mit Milch und Sahne bis zum Siedepunkt erhitzen. Eigelb und Zucker schaumig schlagen. Die heiße Vanillemilch unter ständigem Rühren untermischen. Die Masse zurück in den Topf geben und bei schwacher Hitze (nicht kochen!) unter ständigem Rühren in 2–3 Minuten cremig werden lassen.

• Abkühlen lassen, dabei ab und zu umrühren, die Vanilleschoten entfernen. Die Creme gefrieren lassen (siehe Rezept Schokoladeneis).

Erdbeereis

FÜR 4–6 PORTIONEN

400 g Erdbeeren, geputzt
150 g Puderzucker
250 ml gekühlte Sahne

• Die Erdbeeren vierteln und mit 125 Gramm Puderzucker grob pürieren. Durch ein feines Sieb streichen. Die Sahne halbsteif schlagen, den restlichen Puderzucker zufügen und die Sahne sehr steif schlagen. Vorsichtig unter das Erdbeerpüree heben. Gefrieren lassen (siehe unten Rezept Schokoladeneis).

Schokoladeneis

FÜR 4–6 PORTIONEN

FÜR DIE VANILLECREME
500 ml Milch
½ Vanilleschote
4 Eigelb
80 g Zucker
AUSSERDEM
120 g Zartbitterschokolade (Kuvertüre)
4 Eiweiß · 1 Prise Salz

• Eine Vanillecreme herstellen (siehe oben, Rezept Vanilleeis). Die zerkleinerte Schokolade in der heißen Creme 2 Minuten ruhen lassen. Dann glatt rühren und abkühlen lassen.

• Das Eiweiß mit dem Salz steif schlagen und unter die Schokoladencreme heben. Das Eis mindestens 30 Minuten gefrieren lassen, idealerweise in einer Eismaschine. Danach sofort servieren oder in einem Gefrierbehälter im Tiefkühlfach aufbewahren.

Echte Seelentröster

Windbeutel mussten immer groß sein bei uns. Nur so konnten wir uns vorstellen, dass der raue Küstenwind wirklich dazu beigetragen hatte, sie aufzublasen. Sie waren dann genau das Richtige, um uns an trüben, grauen und windigen Nachmittagen wieder in gute Laune zu versetzen.

Meine kleine Schwester Toni liebte Apfelstrudel. Oma backte deshalb zum Dessert oft einen riesigen Apfelstrudel, so blieb hinterher noch etwas übrig und sie konnte ihn am Nachmittag wieder aufwärmen und mit Vanillesauce servieren.

CACAO
SUCHARD

Apfelstrudel mit Vanillesauce

FÜR 8–10 PORTIONEN

FÜR DEN TEIG

125 g Mehl, mehr zum Verarbeiten
1 EL neutrales Öl, mehr zum Bestreichen
1 Eigelb
1 TL Weißwein (oder Weißweinessig)
1 Prise Salz
75 ml lauwarme Milch

FÜR DIE FÜLLUNG

600 g säuerliche Äpfel (z.B. Boskop), geschält und entkernt
2 EL Rum
30 g Mandeln, gehackt
50 g Rosinen
40 g Zucker
½ TL gemahlener Zimt
30 g Semmelbrösel
50 g Butter

FÜR DIE VANILLESAUCE

je 250 ml Milch und Sahne
1 Vanilleschote
5 Eigelb
75 g Zucker
Puderzucker zum Bestauben

• Das Mehl in eine Schüssel sieben, in die Mitte eine Vertiefung drücken und Öl, Eigelb, Weißwein und Salz hineingeben. Mit der Milch zu einem geschmeidigen Teig verkneten. Zu einer Kugel formen, mit Öl bestreichen und abgedeckt 2 Stunden an einem warmen Ort ruhen lassen.

• Die Äpfel in dünne Schnitze schneiden. Mit Rum, Mandeln, Rosinen, Zucker und Zimt mischen und zugedeckt ziehen lassen. Die Semmelbrösel in 20 Gramm Butter goldbraun anrösten. Die restliche Butter zerlassen und abkühlen lassen.

• Den Backofen auf 190 °C vorheizen. Ein sauberes Bettlaken zu einem großen Rechteck falten (etwa 1 Meter × 0,75 Meter), auf einem Tisch ausbreiten und mit Mehl bestauben. Den Teig mittig darauf legen, mit Mehl bestauben und zu einem Rechteck (etwa 20 × 30 Zentimeter) ausrollen. Den Teig über die Handrücken vorsichtig zu einem hauchdünnen Rechteck ausziehen. Dicke Teigränder abschneiden. Mit etwas Butter bestreichen, mit Semmelbröseln bestreuen, einen Rand frei lassen.

• Die Apfelfüllung auf dem Teig verteilen, zu jeder Seite 4 Zentimeter Rand lassen. Die Teigränder umschlagen. Den Strudel mithilfe des Tuches aufrollen und mit der Nahtstelle nach unten auf das gefettete Backblech setzen. Mit der restlichen Butter bestreichen und 30–35 Minuten backen.

• Für die Vanillesauce Milch und Sahne mit längs halbierter Vanilleschote und herausgeschabtem Mark zum Kochen bringen. Eigelb und Zucker schaumig schlagen. Die heiße Milch unter Rühren dazugießen. Bei schwacher Hitze und unter ständigem Rühren eindicken, aber nicht kochen lassen. Durch ein Sieb abseihen.

• Den Apfelstrudel 10 Minuten ruhen lassen, dann mit Puderzucker bestauben. Noch heiß in Stücke schneiden und mit der warmen Vanillesauce servieren.

Grießschnitten mit Johannisbeerkompott

FÜR 4 PORTIONEN

FÜR DEN GRIESSBREI

500 ml Milch

2 EL Zucker

1 Prise Salz

125 g grober Grieß

1 Ei

abgeriebene Schale von ½ unbehandelten Zitrone

50 g Butter zum Anbraten

Zimt und Zucker zum Bestreuen, nach Belieben

FÜR DAS KOMPOTT

350 g Johannisbeeren

4 EL Zucker

- Milch, Zucker und Salz in einem Topf zum Kochen bringen. Bei schwacher Hitze und unter ständigem Rühren den Grieß langsam einrieseln lassen. 2–3 Minuten köcheln lassen, dabei weiterrühren, bis ein dicker Brei entstanden ist, dann den Topf vom Herd nehmen. Das Ei und die Zitronenschale unter den Grießbrei rühren.

- Ein großes Küchenbrett oder Backblech mit kaltem Wasser abspülen, den heißen Grießbrei daraufhäufen und mit einem breiten Messer oder einer Palette zu einem etwa 1 Zentimeter dicken Rechteck ausstreichen. Das Messer oder die Palette in kaltes Wasser tauchen und die Oberfläche des Rechtecks glatt streichen. Den Grießbrei 2 Stunden auskühlen lassen.

- In der Zwischenzeit die Johannisbeeren kurz abbrausen, von den Rispen streifen und in einen Topf geben. Den Zucker unterrühren und die Früchte Saft ziehen lassen. Danach langsam erhitzen und bei schwacher Hitze 5 Minuten köcheln lassen. Das Kompott abkühlen lassen.

- Den fest gewordenen Grießbrei in acht kleine Rechtecke schneiden. Die Butter in einer großen Pfanne erhitzen und die Grießschnitten darin von beiden Seiten goldbraun anbraten. Je zwei noch heiße Grießschnitten auf einen Desserteller legen und nach Belieben mit Zimt und Zucker bestreuen. Mit dem Kompott servieren.

Windbeutel

FÜR ETWA 30 KLEINE WINDBEUTEL

FÜR DIE WINDBEUTEL

100 g Butter, mehr für das Backblech
1 EL Zucker
1 gute Prise Salz
150 g Mehl, mehr für das Backblech
4 Eier
Hagelzucker zum Bestreuen

FÜR DIE FÜLLUNG (NACH BELIEBEN)

500 ml gekühlte Sahne
3–4 EL Zucker, Menge je nach Geschmack
500 g vollreife Himbeeren (oder andere Früchte), gewaschen

- Den Backofen auf 210 °C vorheizen. 250 Milliliter Wasser, die gewürfelte Butter, Zucker und Salz zum Kochen bringen. Den Topf vom Herd nehmen, das Mehl auf einmal hineingeben und unterrühren.

- Den Topf wieder auf den Herd stellen und bei schwacher bis mittlerer Hitze so lange rühren, bis ein Teigkloß entsteht, der sich vom Topfboden löst.

- Den Topf erneut vom Herd nehmen und nach und nach die Eier unterrühren. Nach jeder Eizugabe so lange rühren, bis der Teig vollkommen glatt ist, erst dann ein weiteres Ei dazugeben.

- Mithilfe von zwei Löffeln walnussgroße Teighäufchen mit etwas Abstand auf ein gefettetes und mit Mehl bestaubtes Backblech setzen und mit Hagelzucker bestreuen.

- Das Blech in den heißen Ofen schieben. Die Temperatur sofort auf 180 °C reduzieren und die Ofentür einen winzigen Spalt offen lassen (z.B. ein Messer dazwischenklemmen), damit der Dampf entweichen kann und die Windbeutel nach dem Backen nicht zusammenfallen. Die Windbeutel in 25–30 Minuten goldbraun backen. Auf einem Kuchengitter abkühlen lassen (siehe Foto).

- Sollen die Windbeutel gefüllt werden, die Sahne mit 1 Esslöffel Zucker fast steif schlagen. Den restlichen Zucker dazugeben und weiterschlagen, bis die Sahne sehr steif ist. In einen Spritzbeutel füllen.

- Die Windbeutel waagerecht halbieren. Je einen großen Tupfer Sahne auf die untere Hälfte spritzen, Himbeeren darauf verteilen und die Windbeutel wieder zusammensetzen. Gut gekühlt servieren.

Brombeer-Johannisbeer-Kaltschale

FÜR 4 PORTIONEN

350 g Brombeeren
250 g rote Johannisbeeren
4–5 EL Zucker, Menge je nach Geschmack
200 ml Sahne

- Die Beeren unter fließendem Wasser kurz abspülen. Die Johannisbeeren von den Rispen streifen, die Früchte gut abtropfen lassen. Etwa 100 Gramm der schönsten Beeren beiseitelegen und kühl stellen, die restlichen Beeren im Mixer pürieren.

- Ein feinmaschiges Sieb über eine Schüssel hängen und das Beerenpüree passieren, um die Kerne zu entfernen. Den Zucker hinzufügen und gut unterrühren. Die Sahne dazugießen und ebenfalls gut unterrühren. Die Schüssel abgedeckt für 2 Stunden in den Kühlschrank stellen.

- Die Kaltschale vor dem Servieren erneut durchrühren und auf vier Schalen oder große Gläser verteilen. Die restlichen Johannisbeeren und Brombeeren in die Kaltschale geben und sofort servieren.

Die Beerenkaltschale kann ebenso mit Joghurt, Buttermilch oder fruchtigem Weißwein anstelle der Sahne zubereitet werden.

Buttermilchsuppe mit Backobst

FÜR 6 PORTIONEN

75 g Backpflaumen, entsteint
75 g getrocknete Aprikosen
15 g Butter
30 g Mehl
1 l Buttermilch
40 g Zucker
abgeriebene Schale von 1 unbehandelten Zitrone

- Die Backpflaumen und die Aprikosen in kaltem Wasser einweichen und über Nacht quellen lassen. Das Trockenobst im Quellwasser 5–10 Minuten garen, dann abseihen.

- Die Butter zerlassen. Das Mehl zufügen und unterrühren. Langsam und unter ständigem Rühren etwa ein Drittel der Buttermilch dazugießen und die Mischung glatt rühren. Dann die restliche Buttermilch mit dem Zucker und der Zitronenschale hinzufügen und unter ständigem Rühren erhitzen, aber nicht mehr kochen lassen.

- Die Backpflaumen und Aprikosen hineingeben und die Suppe nach Belieben warm oder kalt servieren.

Biersuppe mit Eischneehäubchen

FÜR 4 PORTIONEN

1 l Braunbier (oder Malzbier)
3–4 EL Zucker
abgeriebene Schale von 1 unbehandelten Zitrone
6 Eigelb
125 ml Sahne
gemahlener Zimt und Kardamom nach Geschmack

FÜR DIE HÄUBCHEN

2 Eiweiß
2 EL Zucker

- Bier, Zucker und Zitronenschale in einem Topf bis kurz vor dem Siedepunkt erhitzen, dann vom Herd nehmen. Das Eigelb mit der Sahne, Zimt und Kardamom verquirlen. 2 Esslöffel heißes Bier mit dem Schneebesen unter die Ei-Sahne-Mischung rühren, dann die Mischung langsam zum Bier in den Topf gießen. Unter ständigem Rühren erhitzen, aber nicht kochen lassen.

- Das Eiweiß fast steif schlagen. Den Zucker hineinrieseln lassen und weiterschlagen, bis der Eischnee sehr fest ist. Mit zwei Teelöffeln kleine Klößchen abstechen und auf die heiße Suppe geben. Diese zugedeckt 5–10 Minuten ziehen lassen.

Soll die Suppe dickflüssiger werden, das Bier mit 1 gestrichenen Esslöffel Stärke binden und danach die Ei-Sahne-Mischung unterziehen. Statt der Eischneeklößchen kann man auch geröstete Weiß- oder Schwarzbrotwürfel in die Suppe geben.

Süßes für Zwischendurch

Karamellbonbons

FÜR ETWA 40 STÜCK

250 g Zucker
50 g Honig
100 ml Milch
150 ml Sahne
25 g gesalzene Butter
1 TL neutrales Öl für die Form

- Zucker, Honig, Milch und Sahne erhitzen und rühren, bis sich der Zucker und der Honig aufgelöst haben. Die gewürfelte Butter unterrühren. 10 Minuten kochen und eindicken lassen.

- Sobald die Masse einen hellen Karamellton annimmt, einen Tropfen davon in ein Schälchen mit kaltem Wasser fallen lassen. Lässt sich dieser zwischen Daumen und Zeigefinger zu einem weichen Kügelchen formen, ist die richtige Temperatur erreicht. (Alternativ ein Kochthermometer verwenden, es muss 120 °C anzeigen.) Dann die Karamellmasse in eine rechteckige Auflaufform (mit Backpapier ausgelegt und leicht geölt) gießen. 2–3 Stunden abkühlen lassen.

- Die Masse auf ein Backbrett stürzen. Das Backpapier abziehen und den Karamell in kleine quadratische Stücke schneiden. Die Bonbons einzeln in Zellophanpapier wickeln (siehe Foto) und kühl lagern.

Katzenzungen

FÜR 25–30 STÜCK

60 g weiche Butter, mehr für die Backbleche
60 g Zucker
2 Eiweiß
60 g Mehl
1 Prise Salz
4 Tropfen Vanilleextrakt (oder Bittermandelöl)

- Den Backofen auf 200 °C vorheizen. Butter und Zucker 2–3 Minuten schaumig schlagen. Eiweiß, Mehl, Salz und Vanilleextrakt untermischen.

- Den Teig in einen Spritzbeutel mit Lochtülle (8–9 Millimeter Durchmesser) füllen und etwa 5 Zentimeter lange Stäbchen auf zwei Backbleche (mit Backpapier belegt und leicht gefettet) spritzen. Dabei 4–5 Zentimeter Abstand lassen. Die Katzenzungen jeweils in 8–9 Minuten zart hellbraun backen. Auf einem Kuchengitter abkühlen lassen.

Baisers

FÜR ETWA 30 STÜCK

2 zimmerwarme Eiweiß
60 g feiner Zucker
60 g Puderzucker
2–3 Tropfen Vanilleextrakt
80 g ungeschälte Mandeln

• Den Backofen auf 90 °C vorheizen. Das Eiweiß in einer Rührschüssel mit 1 Esslöffel Zucker steif schlagen. Nach und nach den restlichen Zucker hinzufügen und dabei weiterschlagen, bis der Eischnee sehr fest und glänzend ist.

• Den Puderzucker auf den Eischnee sieben und vorsichtig mit einem Teigspatel unterheben. Zum Schluss den Vanilleextrakt untermischen.

• Mit zwei Teelöffeln walnussgroße Tupfer Eischnee mit etwas Abstand auf ein mit Backpapier belegtes Backblech setzen. Jeden Eischneetupfer mit zwei oder drei Mandeln belegen.

• Das Backblech in den Backofen schieben und die Temperatur sofort auf 60 °C reduzieren. Die Baisers 2 ½ Stunden mehr trocknen als backen, dann im ausgeschalteten Ofen abkühlen lassen.

Für rosafarbene Baisers den Eischnee mit ein paar Tropfen roter Lebensmittelfarbe einfärben. Für Schokoladenbaisers 3 Esslöffel ungesüßten Kakao mit dem Puderzucker vermischen und unter den Eischnee heben.

Besser als vom Bäcker!

Zu Silvester, wenn wir kunstvoll verkleidet mit unseren Freunden im Dorf »Rummelpott« liefen und an allen Haustüren mit Bonbons erwartet wurden, backte meine Großmutter köstliche, mit Pflaumenmus gefüllte Berliner. Wer Pech hatte, konnte allerdings beim Reinbeißen auch auf Senf stoßen, denn einer war garantiert immer dabei.

Buttermilchbrötchen gab es oft zum langen Sonntagsfrühstück. Meine Mutter bereitete den Teig dann entweder mit Backpulver zu – was aber meinem Vater nicht schmeckte – oder sie setzte den Hefeteig schon am Vorabend an. Während die Brötchen in der warmen Küche aufgingen und dann gebacken wurden, kümmerten sich die für den Küchendienst zuständigen Kinder um den Tisch und mein Vater kochte die Eier.

Gefüllten Hefekranz gab es bei uns immer an winterlichen Sonntagen. Er schmeckte uns eigentlich gut, bis auf die Rosinen und das Zitronat. Weil wir aber natürlich nicht komplett verzichten wollten, machten wir uns die Mühe, alle störenden Zutaten einzeln mit einer Gabel herauszustochern.

Schmalzgebäck

FÜR 12 STÜCK

500 g Mehl, mehr zum Verarbeiten
250 ml lauwarme Milch
1 Würfel Hefe (42 g)
1 EL Zucker
1 Päckchen Vanillezucker
50 g weiche Butter
1 Ei
1 Prise Salz

AUSSERDEM

25 g Butter, zerlassen und abgekühlt
750 g Butterschmalz
Puderzucker zum Bestauben

- Aus Mehl, einem Drittel der Milch, Hefe und dem Zucker wie auf Seite 142 beschrieben einen Vorteig zubereiten und gehen lassen.

- Die restliche Milch, Vanillezucker, Butter, Ei und Salz hinzufügen und den Teig kräftig kneten. 30–40 Minuten gehen lassen.

- Den Teig in zwölf Portionen teilen und jede mit bemehlten Händen zu einer Kugel formen. Mit zerlassener Butter bestreichen und weitere 15 Minuten gehen lassen.

- Das Butterschmalz in einem Topf auf 180 °C erhitzen. Die Fingerspitzen mit zerlassener Butter fetten, die Teigkugeln in der Mitte eindrücken und zu Fladen mit hauchdünner Mitte und wulstigem Rand ausziehen. Jeweils zwei oder drei Fladen (je nach Topfgröße) im heißen Fett von beiden Seiten goldbraun backen. Auf Küchenpapier entfetten, mit Puderzucker bestauben und warm servieren.

Heidesand

FÜR ETWA 60 STÜCK

250 g Butter
Mark von 1 Vanilleschote
200 g Zucker
1 Prise Salz
1–2 EL Milch
375 g Mehl

- Die Butter zerlassen und leicht bräunen. Abkühlen lassen, dann schaumig schlagen. Vanillemark, Zucker, Salz und Milch zugeben. Das Mehl esslöffelweise unterrühren, die letzte Portion Mehl mit den Händen unterkneten.

- Den Teig zu zwei Rollen von 2–3 Zentimeter Durchmesser formen und im Kristallzucker wälzen. In Klarsichtfolie gewickelt für 20 Minuten kühl stellen. Den Backofen auf 180 °C vorheizen.

- Die Teigrollen in 5 Millimeter dicke Scheiben schneiden, diese auf zwei mit Backpapier ausgelegte Backbleche legen und jeweils in 10–12 Minuten hellgelb backen. Auf einem Kuchengitter abkühlen lassen und beispielsweise zum Tee servieren (siehe Foto).

Apfelkrapfen

FÜR ETWA 40 STÜCK

500 g Mehl
250 ml lauwarme Milch
1 Würfel frische Hefe (42 g)
75 g Zucker
50 g weiche Butter
2 Eier
abgeriebene Schale von 1 unbehandelten Zitrone
1 Prise Salz
350 g säuerliche Äpfel (z.B. Boskop, Elstar)
1 EL Rum
2–3 l Öl zum Frittieren

ZUM BESTREUEN

Zucker
gemahlener Zimt

- Das Mehl in eine Schüssel geben und in die Mitte eine Vertiefung drücken. Die Hälfte der Milch mit der zerbröckelten Hefe und 1 Esslöffel Zucker in die Mehlmulde geben und mit etwas Mehl vom Rand zu einem dickflüssigen Teig verrühren. Den Vorteig abgedeckt an einem warmen Ort ohne Zugluft 15 Minuten gehen lassen, bis sich sein Volumen verdoppelt hat.

- Die restliche Milch, den restlichen Zucker, Butter, Eier, Zitronenschale und Salz hinzufügen und alle Zutaten 5–10 Minuten kräftig kneten. Etwa 30 Minuten wie oben beschrieben gehen lassen.

- Die Äpfel schälen, entkernen, in dünne Schnitze schneiden und mit dem Rum vermengen. Die Apfelschnitze unter den Hefeteig mischen und den Teig weitere 30 Minuten gehen lassen.

- Das Öl in einem hohen Topf (oder einer Fritteuse) auf 190 °C erhitzen. Mithilfe von zwei Esslöffeln kleine Kugeln aus dem Teig formen und diese vorsichtig in das heiße Öl gleiten lassen. Die Krapfen in 3–4 Minuten goldbraun backen. (Immer nur 5–6 Krapfen gleichzeitig backen, da sonst die Temperatur des Frittieröls zu stark absinkt!)

- Die fertigen Apfelkrapfen mit einer Schaumkelle aus dem Topf heben und kurz auf Küchenpapier entfetten. Den Zucker nach Geschmack mit Zimt mischen und die noch warmen Krapfen damit bestreuen. Sofort servieren.

Quarktaschen

FÜR ETWA 30 STÜCK

250 g Mehl, mehr zum Verarbeiten
250 g Quark
250 g weiche Butter
1 Prise Salz

AUSSERDEM

1 Ei, getrennt
1 Glas Pflaumenmus
1 EL Puderzucker
Vanillezucker, Menge je nach Geschmack

- Das Mehl mit Quark, Butter und Salz zu einem glatten Teig verkneten. Den Teig in Klarsichtfolie gewickelt über Nacht im Kühlschrank ruhen lassen.

- Den Teig auf leicht bemehlter Arbeitsfläche zu einem 2–3 Millimeter dicken Rechteck ausrollen und Rundscheiben von etwa 10 Zentimetern Durchmesser ausstechen. Die Teigreste zusammenfassen, erneut ausrollen und weitere Teigscheiben ausstechen, bis der gesamte Teig verbraucht ist. Die Ränder der Scheiben mit Eiweiß bestreichen. Den Backofen auf 180 °C vorheizen.

- Auf eine Hälfte der Teigscheiben jeweils 1 Teelöffel Pflaumenmus geben. Die andere Hälfte darüberklappen und die Teigränder mit einer Gabel oder einem Messerrücken sehr fest zusammendrücken. Das Eigelb mit 1 Teelöffel kaltem Wasser verquirlen und die Quarktaschen damit bestreichen. Auf ein mit Backpapier belegtes Backblech legen und in 20–25 Minuten goldbraun backen.

- Den Puderzucker mit dem Vanillezucker mischen. Die noch heißen Quarktaschen damit bestreuen und nach Belieben warm oder kalt servieren.

Pflaumenmus eignet sich zum Füllen am besten, da es sehr dickflüssig ist und beim Backen nicht herausläuft. Aber auch andere Füllungen mit ähnlicher Konsistenz können natürlich verwendet werden.

Plundertaschen mit Obst

FÜR ETWA 15 STÜCK

375 g Mehl
190 ml lauwarme Milch
½ Würfel frische Hefe (21 g)
40 g Zucker
240 g zimmerwarme Butter
1 Ei
1 Prise Salz

AUSSERDEM

500 g frisches Obst (z.B. Äpfel, Kirschen, Aprikosen), gewaschen und entkernt bzw. entsteint
Zucker, Zitronensaft und Gewürze (z.B. Vanille, Zimt) nach Geschmack
1 Ei, getrennt
Apfelgelee (oder Aprikosenkonfitüre)

- Aus Mehl, der Hälfte der Milch, Hefe und 1 Esslöffel Zucker wie auf Seite 142 beschrieben einen Vorteig zubereiten und gehen lassen.

- 40 Gramm Butter in der restlichen Milch schmelzen lassen und mit dem restlichen Zucker, dem Ei und dem Salz zum Vorteig geben. Den Teig 5–10 Minuten kräftig kneten und 1–2 Stunden gehen lassen.

- Das zerkleinerte Obst mit Zucker, Zitronensaft, Gewürzen und 2–3 Esslöffeln Wasser bei schwacher Hitze 10–15 Minuten garen. Abkühlen lassen.

- Den Teig gut durchkneten und auf leicht bemehlter Arbeitsfläche zu einem 1 Zentimeter dicken Quadrat ausrollen. Die restliche Butter ebenfalls zu einem Quadrat ausrollen und schräg auf die Teigmitte legen. Die Teigecken darüberschlagen, sodass die Butter komplett bedeckt ist. Den Teigblock zu einem Rechteck ausrollen, dreilagig falten und erneut ausrollen. Wiederum dreilagig falten und 15 Minuten kalt stellen. Den Vorgang zweimal wiederholen.

- Den Teig 2 Millimeter dick ausrollen und in Rechtecke (12 × 14 Zentimeter) und Quadrate (12 × 12 Zentimeter) schneiden. Für die Rechtecke 1 Esslöffel Obst auf eine Teighälfte geben, die Teigränder mit Eiweiß bestreichen, die andere Teighälfte darüberklappen und die Ränder zusammendrücken. Den Längsrand in regelmäßigen Abständen 2 Millimeter tief einschneiden. Die Quadrate ebenso füllen, bestreichen und Taschen oder Dreiecke daraus formen.

- Die Plundertaschen mit verquirltem Eigelb bestreichen und auf zwei gefetteten Backblechen 30 Minuten gehen lassen. Den Backofen auf 180–190 °C vorheizen. Die Pundertaschen 15–20 Minuten backen. Noch heiß mit Apfelgelee bestreichen.

Buttermilchbrötchen

FÜR 12 STÜCK

500 g Mehl, mehr zum Verarbeiten
250 ml lauwarme Buttermilch
1 Würfel frische Hefe (42 g)
1 TL flüssiger Honig
100 g weiche Butter, mehr zum Verarbeiten
1 TL Salz
Buttermilch zum Bestreichen

- Das Mehl in eine Schüssel geben und in die Mitte eine Vertiefung drücken. Die Hälfte der Buttermilch mit der zerbröckelten Hefe und dem Honig in die Mehlmulde geben und mit etwas Mehl vom Rand zu einem dickflüssigen Teig verrühren. Den Vorteig abgedeckt an einem warmen Ort ohne Zugluft 15 Minuten gehen lassen, bis sich sein Volumen verdoppelt hat.

- Die restliche Buttermilch, die Butter und das Salz hinzufügen und alle Zutaten 5–10 Minuten kräftig kneten, bis ein elastischer Teig entstanden ist. Noch einmal etwa 30 Minuten wie oben beschrieben gehen lassen.

- Den Teig nochmals kurz durchkneten und in zwölf Portionen teilen. Diese zu runden Brötchen formen und auf ein gefettetes und mit Mehl bestaubtes Backblech setzen. Zugedeckt weitere 20–30 Minuten gehen lassen. Den Backofen auf 200 °C vorheizen.

- Die Brötchen mit etwas Buttermilch bestreichen und in 15–20 Minuten goldbraun backen. Noch warm servieren und nach Belieben Butter und Konfitüre dazu reichen.

Nussschnecken

FÜR ETWA 20 STÜCK

FÜR DEN TEIG

500 g Mehl, mehr zum Ausrollen
175 ml lauwarme Milch
1 Würfel frische Hefe (42 g)
60 g Zucker
50 g weiche Butter, mehr für das Backblech
2 Eier
1 Prise Salz

FÜR DIE FÜLLUNG

1 Vanilleschote
250 ml Milch
150 g Haselnüsse, gemahlen
125 g Haselnüsse, grob gehackt
80 g Zucker
1 TL gemahlener Zimt

ZUM BESTREICHEN

100 g Puderzucker
2 EL frischer Zitronensaft (oder Wasser)

- Das Mehl in eine Schüssel geben und in die Mitte eine Vertiefung drücken. Die Hälfte der Milch mit der zerbröckelten Hefe und 1 Esslöffel Zucker in die Mehlmulde geben und mit etwas Mehl vom Rand zu einem dickflüssigen Teig verrühren. Den Vorteig abgedeckt an einem warmen Ort ohne Zugluft 15 Minuten gehen lassen, bis sich sein Volumen verdoppelt hat.

- Die restliche Milch, den restlichen Zucker, Butter, Eier und Salz zum Vorteig geben und alle Zutaten kräftig kneten. 1–2 Stunden wie oben beschrieben gehen lassen.

- Die Vanilleschote längs aufschneiden, das Mark herausschaben. Beides mit Milch, Haselnüssen, Zucker und Zimt aufkochen, dann abkühlen lassen. Die Vanilleschote entfernen.

- Den Hefeteig kurz durchkneten und auf leicht bemehlter Arbeitsfläche zu einem 5 Millimeter dicken Rechteck ausrollen. Die Nussmasse darauf verteilen und den Teig von der Längsseite her locker aufrollen. In 1–2 Zentimeter dicke Scheiben schneiden und mit der Schnittseite nach unten auf ein gefettetes Backblech legen. Zugedeckt 30 Minuten gehen lassen. Den Backofen auf 190 °C vorheizen.

- Die Nussschnecken 15–20 Minuten backen. Den Puderzucker mit dem Zitronensaft glatt rühren und das noch heiße Gebäck damit bestreichen.

VARIANTEN: Für Rosinenschnecken 200 Gramm Rosinen mindestens 3 Stunden in 6 Esslöffeln Rum quellen lassen. Den Hefeteig mit weicher Butter bestreichen und die Rosinen darauf verteilen.
Für Apfelschnecken 500 Gramm säuerliche Äpfel (z.B. Boskop, Elstar) klein würfeln. Mit 60 Gramm Zucker, ½ Teelöffel Zimt und dem Saft von ½ Zitrone mischen und auf dem Hefeteig verteilen. Die Apfelschnecken vor dem Backen mit 3 Esslöffeln Sahne bestreichen und noch ofenwarm mit etwas Puderzucker bestauben.

Gefüllter Hefekranz

FÜR 8–10 PORTIONEN

FÜR DEN TEIG

375 g Mehl, mehr zum Verarbeiten
7 EL lauwarme Milch
25 g frische Hefe
60 g Zucker
1 Ei
100 g weiche Butter
½ TL abgeriebene Schale von 1 unbehandelten Zitrone
1 TL Salz

FÜR DIE FÜLLUNG

je 125 g Sultaninen und Korinthen
50 g Zitronat, fein gewürfelt
100 g Mandeln, gemahlen
65 g Zucker
½ TL gemahlener Zimt
3 EL Sahne (oder Rum)
3 Tropfen Bittermandelöl

AUSSERDEM

50 g Butter, zerlassen und abgekühlt
50 g Puderzucker
1 EL frischer Zitronensaft (oder Rum)

- Das Mehl in eine Schüssel geben und in die Mitte eine Vertiefung drücken. Die Milch mit der zerbröckelten Hefe und 1 Esslöffel Zucker in die Mehlmulde geben. Mit etwas Mehl vom Rand zu einem dickflüssigen Teig verrühren. Den Vorteig abgedeckt an einem warmen Ort ohne Zugluft 15 Minuten gehen lassen, bis sich sein Volumen verdoppelt hat.

- Ei, Butter, Zitronenschale und Salz hinzufügen und alle Zutaten 5–10 Minuten kräftig kneten, bis ein elastischer Teig entstanden ist, der sich vom Schüsselrand löst. Etwa 1½ Stunden wie oben beschrieben gehen lassen.

- Für die Füllung Sultaninen, Korinthen, Zitronat, Mandeln, Zucker, Zimt, Sahne und Bittermandelöl gut mischen.

- Den Teig nochmals kurz durchkneten und auf leicht bemehlter Arbeitsfläche zu einem 5 Millimeter dicken Quadrat ausrollen. Die Teigoberfläche mit der weichen Butter bestreichen und die Füllung darauf verteilen.

- Den Teig über Eck aufrollen und zu einem Kranz formen. Auf ein mit Backpapier belegtes Backblech legen und zugedeckt weitere 30 Minuten gehen lassen. Den Backofen auf 180 °C vorheizen.

- Den Hefekranz in etwa 25 Minuten goldbraun backen. Den Puderzucker mit dem Zitronensaft glatt rühren und das noch heiße Gebäck damit bestreichen. Vor dem Anschneiden etwas abkühlen lassen.

Hefezopf mit Rosinen

FÜR 8–10 PORTIONEN

150 g Rosinen
6 EL Rum
500 g Mehl, mehr zum Verarbeiten
125 ml lauwarme Milch
30 g frische Hefe
60 g Zucker
2 mittelgroße Eier
80 g weiche Butter, mehr für das Backblech
1 Prise gemahlener Zimt
1 Prise geriebene Muskatnuss (oder Kardamom)
½ TL Salz
1 Eigelb zum Bestreichen

- Die Rosinen mit dem Rum (oder warmem Wasser) übergießen und 30 Minuten quellen lassen.

- Das Mehl in eine Schüssel geben und in die Mitte eine Vertiefung drücken. Die Hälfte der Milch mit der zerbröckelten Hefe und 1 Esslöffel Zucker in die Mehlmulde geben und mit etwas Mehl zu einem dickflüssigen Teig verrühren. Den Vorteig abgedeckt an einem warmen Ort ohne Zugluft 15 Minuten gehen lassen, bis sich sein Volumen verdoppelt hat.

- Die restliche Milch, den restlichen Zucker, Eier, Butter, Gewürze und Salz hinzufügen und alle Zutaten 5–10 Minuten kräftig kneten, bis ein elastischer Teig entstanden ist, der sich vom Schüsselrand löst. Die abgetropften Rosinen unterarbeiten. Etwa 1½ Stunden wie oben beschrieben gehen lassen.

- Den Teig nochmals kurz durchkneten, in drei Portionen teilen und jede Portion auf leicht mit Mehl bestaubter Arbeitsfläche zu einer etwa 30 Zentimeter langen Rolle formen. Die Teigrollen locker zu einem Zopf flechten, die Enden zusammendrücken und unterstecken. Den Hefezopf auf ein gefettetes Backblech geben und mit einem Tuch bedeckt weitere 30 Minuten gehen lassen. Den Backofen auf 180 °C vorheizen.

- Den Hefezopf mit verquirltem Eigelb bestreichen. 25–30 Minuten backen, dann weitere 5–10 Minuten im ausgeschalteten Ofen bei offener Tür ruhen lassen.

Süßes für
Advent und
Weihnacht

Bunte Butterplätzchen

FÜR ETWA 60 STÜCK

FÜR DEN MÜRBETEIG

300 g Mehl, mehr zum Ausrollen
100 g Zucker
1 Msp gemahlener Zimt (oder 3–4 Tropfen Bittermandelöl)
1 Prise Salz
200 g kalte Butter
abgeriebene Schale von ½ unbehandelten Zitrone
1 Ei

ZUM VERZIEREN

300 g Puderzucker
Lebensmittelfarben nach Belieben
Zuckersterne oder Zuckerperlen

- Für den Teig Mehl, Zucker, Zimt und Salz gut mischen und auf die Arbeitsfläche häufen. Die Butter würfeln und auf dem Mehl verteilen, die Zitronenschale darüberstreuen. Alle Zutaten mit einem Messer durchhacken, bis kleine Teigkrümel entstehen. Das Ei zufügen und alles schnell zu einem glatten Teig verkneten. Den Teig in Klarsichtfolie gewickelt 1–2 Stunden kühl stellen (oder bereits am Vortag zubereiten).

- Den Backofen auf 170–180 °C vorheizen. Den Teig in drei Portionen teilen. Diese nacheinander auf leicht bemehlter Arbeitsfläche etwa 3 Millimeter dick ausrollen. Beliebige Motive ausstechen und auf zwei mit Backpapier ausgelegte Backbleche legen. Die Butterplätzchen jeweils 10–12 Minuten backen, bis sie goldgelb sind. Auf einem Kuchengitter abkühlen lassen.

- Den Puderzucker auf drei Schälchen verteilen und mit jeweils 2 Esslöffeln Wasser (oder nach Belieben Orangensaft, Zitronensaft, Rosenwasser) glatt rühren. Ein Schälchen mit weißem Zuckerguss zur Seite stellen. Den Zuckerguss in den beiden anderen Schälchen in beliebigen Farben einfärben.

- Die Butterplätzchen mit dem bunten Zuckerguss bestreichen, mit Zuckersternen oder Streuseln verzieren und trocknen lassen. In gut verschließbaren Blechdosen aufbewahren.

Wer nur ein Backblech zur Verfügung hat, legt die übrigen rohen Butterplätzchen auf ein mit Backpapier bedecktes Brett. Nach dem ersten Backen lässt man das Backblech etwas abkühlen und zieht dann vorsichtig das Backpapier mit den Rohlingen darauf.

Kleine Helfer in der Backstube

Bunte Butterplätzchen gehörten zur Weihnachtszeit einfach dazu! Meine Mutter knetete den Teig und wir Kinder stachen die Formen aus. Hinterher bemalten wir die gebackenen Plätzchen mit buntem Zuckerguss und ließen dabei unserer Fantasie freien Lauf.

Meine Großmutter hatte die Angewohnheit, Kokosmakronen zu backen, sowie beim Kochen oder Backen ein oder zwei Eiweiß übrig blieben. Zu unserer Freude kam das vor allem in der Vorweihnachtszeit recht häufig vor und wir luden dann unsere Freunde zum Schmaus ein – allerdings nur, wenn genug Makronen da waren.

Spitzbuben

FÜR ETWA 40 STÜCK

FÜR DEN MÜRBETEIG
300 g Mehl, mehr zum Ausrollen
100 g Zucker
1 Prise Salz
200 g kalte Butter
1 Ei
ZUM VERZIEREN
etwa ½ Glas Himbeerkonfitüre
Puderzucker

- Für den Teig Mehl, Zucker und Salz gut mischen und auf die Arbeitsfläche häufen. Die Butter würfeln und auf dem Mehl verteilen. Alle Zutaten mit einem Messer durchhacken, bis kleine Teigkrümel entstehen. Das Ei zufügen und alles schnell zu einem glatten Teig verkneten. Den Teig in Klarsichtfolie gewickelt 1–2 Stunden kühl stellen (oder bereits am Vorteig zubereiten).

- Den Backofen auf 180 °C vorheizen. Den Teig in zwei Portionen teilen und diese auf leicht bemehlter Arbeitsfläche 2–3 Millimeter dick ausrollen. Mit einer runden oder blumenförmigen Ausstechform (5–6 Zentimeter Durchmesser) Plätzchen ausstechen und nebeneinander auf zwei mit Backpapier ausgelegte Backbleche legen. Mit einer etwas kleineren runden Ausstechform aus der Hälfte der Plätzchen ein Loch aus der Mitte herausstechen.

- Die Spitzbuben 10–12 Minuten backen, bis sie goldgelb sind. Auf einem Kuchengitter auskühlen lassen.

- Je ½ Teelöffel Himbeerkonfitüre in die Mitte der ganzen Plätzchen geben und verstreichen. Die Spitzbubenringe mit Puderzucker bestauben und daraufsetzen.

Zimtsterne

FÜR ETWA 60 STÜCK

FÜR DEN TEIG

6 frische Eiweiß
500 g Puderzucker, gesiebt
1 EL frischer Zitronensaft
abgeriebene Schale von 1 unbehandelten Zitrone
1–2 EL gemahlener Zimt
750 g Mandeln, sehr fein gemahlen

ZUM AUSROLLEN

150 g Puderzucker, mehr zum Ausstechen
100 g Mandeln, gemahlen

- Das Eiweiß sehr steif schlagen, dann den Puderzucker löffelweise unterrühren. Den Zitronensaft untermischen. Die Eiweißmasse muss sehr dick sein (sie darf nicht vom Löffel laufen). Eine Tasse von der Eiweißmasse abnehmen und für den Guss beiseitestellen. Zitronenschale, Zimt und Mandeln unter die restliche Eiweißmasse heben und ½–1 Stunde ruhen lassen.

- Puderzucker und Mandeln mischen und ein wenig davon auf die Arbeitsfläche streuen. Eine kleine Menge Teig daraufgeben und etwa 1 Zentimeter dick ausrollen oder mit einer Palette flach drücken. Mit einer in Puderzucker getauchten Sternform Sterne ausstechen und nebeneinander auf zwei bis drei mit Backpapier belegte Backbleche legen. Auf diese Weise fortfahren, bis der gesamte Teig aufgebraucht ist. (Die Sternform zwischendurch bei Bedarf säubern und in Puderzucker tauchen, wenn der Teig sehr klebt.) Den Backofen auf 130 °C vorheizen.

- Auf jeden Stern etwa ½ Teelöffel des beiseitegestellten Eiweißgusses geben und mit einem Backpinsel zu den Spitzen hin ausstreichen. Die Zimtsterne im heißen Ofen 15 Minuten backen, dann die Temperatur auf 100 °C reduzieren und die Zimtsterne weitere 10–15 Minuten backen. Der Eiweißguss soll weiß bleiben, die Sterne sollen innen noch weich sein.

Etwas weniger süß und knusprig schmecken die Zimtsterne, wenn man die Puderzucker-Mandel-Mischung zum Verarbeiten weglässt, dafür geht es schneller und leichter, wenn man den gesamten Teig auf einmal zwischen zwei Lagen Klarsichtfolie mit der Teigrolle ausrollt.

Vanillekipferl

FÜR 60–70 STÜCK

FÜR DEN TEIG

280 g Mehl, mehr zum Verarbeiten
250 g kalte Butter
1 Vanilleschote
90 g Puderzucker
75 g geschälte Mandeln, gemahlen
75 g ungeschälte Mandeln, gemahlen
1 Prise Salz
1 Ei

ZUM BESTREUEN

50 g Puderzucker
2 Päckchen Vanillezucker

- Das Mehl auf die Arbeitsfläche sieben. Die Butter in Würfel schneiden und darauf verteilen. Mit einem langen Messer durchhacken, bis kleine Krümel entstehen. Die Teigkrümel in eine große Schüssel geben.

- Die Vanilleschote längs aufschneiden, das Mark herausschaben und mit dem Puderzucker mischen. Den Vanillepuderzucker mit den Mandeln und dem Salz zu den Teigkrümeln geben und vermengen. Das Ei zufügen und alles schnell zu einem glatten Teig verkneten. Den Teig abgedeckt 30 Minuten kühl stellen. Den Backofen auf 190 °C vorheizen.

- Den Teig in vier Portionen teilen und auf der leicht bemehlten Arbeitsfläche daraus vier etwa 2 Zentimeter dicke Rollen formen. Von den Rollen 1–2 Zentimeter dicke Scheiben abschneiden und diese zu Hörnchen formen.

- Die Kipferl mit etwas Abstand auf zwei ungefettete Backbleche legen und nacheinander in 10–12 Minuten hell backen.

- Die Vanillekipferl auf einem Kuchengitter etwas abkühlen lassen. Den Puderzucker mit dem Vanillezucker mischen und die Kipferl noch warm darin wälzen.

Vanillezucker kann man leicht selbst herstellen: Mehrere ausgeschabte Vanilleschoten in ein verschließbares Gefäß (z.B. Schraubglas) geben und mit feinem Zucker auffüllen. Nach einigen Tagen hat der Zucker das Vanillearoma angenommen.

Zuckerbrezeln

FÜR ETWA 120 STÜCK

FÜR DEN MÜRBETEIG

300 g Mehl, mehr zum Verarbeiten
80 g Zucker
1 Prise Salz
Geschmackszutat nach Belieben (z.B. Vanillemark, Zitronenschale oder Bittermandelöl)
200 g kalte Butter
1 Ei

ZUM VERZIEREN

2 Eigelb
150 g Hagelzucker

- Für den Teig Mehl, Zucker, Salz und Geschmackszutat nach Belieben gut mischen und auf die Arbeitsfläche häufen. Die Butter würfeln und auf dem Mehl verteilen. Alle Zutaten mit einem Messer durchhacken, bis kleine Teigkrümel entstehen. Das Ei zufügen und alles schnell zu einem glatten Teig verkneten. Den Teig in Klarsichtfolie gewickelt 30 Minuten im Kühlschrank ruhen lassen.

- Den Mürbeteig auf der leicht bemehlten Arbeitsfläche einmal kurz durchkneten, dann in vier Portionen teilen. Aus jeder Portion mehrere etwa 4 Millimeter dicke Rollen formen. Die Teigrollen in 15 Zentimeter lange Stücke schneiden und zu Brezeln formen. Die Brezeln nebeneinander auf drei mit Backpapier ausgelegte Backbleche legen. Den Backofen auf 180 °C vorheizen.

- Das Eigelb mit 2 Teelöffeln Wasser verquirlen. Die Brezeln damit bestreichen und mit Hagelzucker bestreuen. Im heißen Ofen in 10–12 Minuten goldgelb backen. Die Brezeln auf einem Kuchengitter abkühlen lassen.

Hagelzuckerkörner bestehen aus vielen kleinen, zusammengepressten und besonders feinen Zuckerkristallen. Da sie Feingebäck einen knusprigen Biss verleihen, wird Hagelzucker gern als Streudekoration verwendet. Er lässt sich aber auch durch feinen Zucker, nach Belieben mit Vanille gemischt, ersetzen.

Springerle

FÜR ETWA 30 STÜCK

2 zimmerwarme Eier
250 g Puderzucker, gesiebt
abgeriebene Schale von ½ unbehandelten Zitrone
1 Prise Salz
1 EL Rum (oder Kirschwasser)
1 Msp Hirschhornsalz
250 g Mehl, mehr zum Verarbeiten

AUSSERDEM

2 EL Anissamen

- Die Eier schaumig rühren, den Puderzucker esslöffelweise zugeben. 10–15 Minuten dick schaumig schlagen. Zitronenschale, Salz und das in Rum aufgelöste Hirschhornsalz dazugeben. Das gesiebte Mehl esslöffelweise zufügen, die letzte Portion Mehl mit den Händen unterkneten. (Wenn der Teig klebt, noch etwas Mehl zufügen.) Abgedeckt 2 Stunden kühl stellen.

- Nacheinander kleine Mengen Teig auf der leicht mit Mehl bestäubten Arbeitsfläche knapp 1 Zentimeter dick ausrollen. (Den restlichen Teig abdecken, damit er nicht austrocknet.) Das Springerlemodel hauchdünn mit Mehl bestauben, fest auf den Teig drücken, vorsichtig wieder abziehen und das Springerle mit einem Teigrad ausschneiden. Das Model vor jedem Gebrauch von Teigresten säubern und mit Mehl bestauben. Die Springerle auf einem mit Backpapier belegten Backblech 24 Stunden trocknen lassen, dann überschüssiges Mehl mit einem weichen Pinsel entfernen.

- Den Backofen auf 150 °C vorheizen. Ein Küchentuch in kaltes Wasser tauchen, gut auswringen und falten. Die Springerle kurz daraufsetzen, um die Unterseite anzufeuchten. Das Backpapier mit Anissamen bestreuen, die Springerle darauflegen. 10 Minuten backen, die Temperatur auf 125 °C reduzieren, weitere 10 Minuten backen. Die Springerle sind gar, sobald die Unterseite etwas aufgegangen und leicht gebräunt ist; die Oberfläche soll weiß bleiben. Auf einem Kuchengitter etwas abkühlen lassen. Noch lauwarm in gut schließende Blechdosen legen und 1–2 Wochen ruhen lassen.

Elisenlebkuchen

FÜR ETWA 40 STÜCK

5 Eier
300 g brauner Zucker
100 g Mandeln, gemahlen
100 g Mandeln, grob gehackt
250 g Haselnüsse, gemahlen
50 g Walnüsse, grob gehackt
je 50 g Orangeat und Zitronat
abgeriebene Schale von je 1 unbehandelten Orange und Zitrone
½ TL gemahlene Nelken
1 TL gemahlener Zimt
gemahlener Ingwer, Kardamom, Koriander und Piment, Mengen nach Geschmack
1 Prise Salz

AUSSERDEM

etwa 40 Backoblaten (7 cm Durchmesser)
150 g ganze geschälte Mandeln
150 g Puderzucker
1–2 TL frischer Zitronensaft

- Eier und Zucker in einer Schüssel schaumig rühren. Mandeln, Haselnüsse und Walnüsse unterheben.

- Orangeat und Zitronat fein hacken und zusammen mit Orangenschale, Zitronenschale, allen Gewürzen und Salz unter die Eimasse heben.

- Den Backofen auf 150 °C vorheizen. Auf jede Backoblate 1–2 Esslöffel Teig geben, verstreichen und dabei 2 Millimeter Rand lassen. Die Oblaten auf zwei Backbleche setzen und jeden Lebkuchen mit 3–4 ganzen Mandeln verzieren.

- Die Lebkuchen jeweils 15–18 Minuten backen. Sie sollen weich bleiben und nicht bräunen. Den Puderzucker mit dem Zitronensaft zu einem dickflüssigen Zuckerguss verrühren.

- Die Elisenlebkuchen mit einer Palette auf ein Kuchengitter setzen und noch heiß mit Zuckerguss bestreichen.

- Die abgekühlten Elisenlebkuchen in gut schließenden Metalldosen stapeln und vor dem Verzehr 1–2 Wochen ruhen lassen.

Pfefferkuchen

FÜR 1 BACKBLECH

450 g Honig
125 g Butter
375 g Weizenvollkornmehl
125 g Walnüsse, gehackt
je 5 g Nelken, Piment, Zimt und Kardamom, gemahlen
abgeriebene Schale von je 1 unbehandelten Zitrone und Orange
1 Prise Salz
2 Eier
je 5 g Hirschhornsalz und Pottasche
2 EL Rosenwasser

AUSSERDEM

Butter und Mehl für das Backblech
1 Ei
30–40 Walnusshälften

- Honig und Butter bei schwacher Hitze zum Schmelzen bringen. Das Mehl mit den Walnüssen, allen Gewürzen, Zitronen- und Orangenschale sowie Salz mischen. Die warme Honig-Butter-Mischung und die Eier hinzufügen.

- Hirschhornsalz und Pottasche getrennt mit jeweils 1 Esslöffel Rosenwasser (oder kaltem Wasser) auflösen und beides in die Schüssel geben. Alle Zutaten zu einem glatten dickflüssigen Teig verrühren.

- Den Teig mit einem sauberen Tuch abdecken, mit einem Teller beschweren und mindestens 4 Tage (besser 2–3 Wochen) bei Zimmertemperatur ruhen lassen, damit sich der typische Lebkuchengeschmack entfaltet.

- Den Backofen auf 170 °C vorheizen. Den Pfefferkuchenteig kurz durchkneten, dann mit bemehlten Händen gleichmäßig 1–2 Zentimeter dick auf einem gefetteten und mit Mehl bestaubten Backblech verteilen.

- Das Ei trennen und das Eigelb nur mit der Hälfte des Eiweißes verquirlen, damit der Guss nicht zu flüssig wird. Die Teigplatte damit bestreichen. Den Pfefferkuchen mit den Walnusshälften verzieren und etwa 20 Minuten backen. Er soll kaum bräunen, sonst wird er hart, und er ist gar, wenn er sich bei leichtem Druck noch weich anfühlt. Noch warm in rechteckige Stücke schneiden und abkühlen lassen.

Pfefferkuchen sollte kühl gelagert werden, am besten in einem Tongefäß mit Deckel, wobei man ein feuchtes Tuch zwischen Deckel und Gefäß klemmt.

Kokosmakronen

FÜR ETWA 20 STÜCK

2 frische zimmerwarme Eiweiß
1 Prise Salz
1 Vanilleschote
200 g Zucker
200 g Kokosraspel

- Das Eiweiß mit dem Salz kurz aufschlagen, bis es schaumig, aber noch flüssig ist. Die Vanilleschote längs aufschneiden und das Mark herausschaben. Vanillemark, Zucker und Kokosraspel zum Eiweiß geben und gut untermengen. Den Backofen auf 120 °C vorheizen.

- Mit zwei Esslöffeln kleine Häufchen Kokosmasse mit etwas Abstand auf das mit Backpapier ausgelegte Backblech setzen. Mit der gewölbten Seite der Löffel die Kokosmasse zu Pyramiden formen.

- Die Kokosmakronen im heißen Ofen 20–25 Minuten backen, bis sie außen zart gebräunt, innen aber noch weich sind. Die Makronen mit einem Küchenspatel oder einem breiten Messer vorsichtig vom Backblech lösen und auf einem Kuchengitter abkühlen lassen.

Schokoladentrüffel

FÜR ETWA 40 STÜCK

250 g Zartbitterschokolade
150 ml Sahne
75 g weiche Butter
50 g Puderzucker
1 EL Rum
50 g ungesüßter Kakao

• Die Schokolade in kleine Stücke brechen. Die Sahne in einem Topf langsam erhitzen, einmal aufkochen lassen und vom Herd nehmen. Die Schokoladenstückchen hineingeben und 2 Minuten ruhen lassen. Die Masse dann mit einem Schneebesen glatt rühren.

• Die Butter, den Puderzucker und den Rum unter die Schokoladencreme rühren. In einer Schüssel abkühlen lassen, dann mit Klarsichtfolie bedeckt für 12 Stunden kalt stellen.

• Die Schokoladenmasse 1–2 Stunden vor Gebrauch aus dem Kühlschrank nehmen. Den Kakao in einen tiefen Teller geben. Mit einem Teelöffel kleine Mengen von der Schokoladenmasse abstechen und mithilfe eines zweiten Teelöffels zu knapp walnussgroßen Kugeln formen. Die Schokoladentrüffel mithilfe einer Gabel im Kakao wälzen, dann in einem verschließbaren Gefäß kühl aufbewahren.

Zum Formen der Schokoladentrüffel nicht die Hände benutzen und zügig arbeiten, damit die Schokolade nicht schmilzt.

Advent, Advent ...

Dresdner Stollen war die Spezialität meiner Großmutter väterlicherseits. Nur bei ihr hatte er den typischen Geschmack und die richtige, leicht feuchte Konsistenz, die uns Kinder ein wenig an Marzipan erinnerte. Der Stollen hatte immer eine lange Reise hinter sich: Die Eltern meines Vater lebten in der damaligen DDR, wo meine Großmutter oft keine Rosinen und keine Mandeln, geschweige denn Zitronat oder Orangeat bekam. Meine Mutter musste also alle wichtigen Zutaten bei uns im Westen einkaufen und sie zu meiner Großmutter in den Osten schicken. Oma zauberte daraus dann ihren berühmten Stollen und brachte ihn umgehend zur Post, sodass wir ihn jedes Jahr pünktlich zum ersten Advent anschneiden konnten.

Pfefferkuchenbacken ist bei uns eine Familientradition, von meiner Großmutter mütterlicherseits überliefert. Der rohe Teig musste zwei bis drei Wochen reifen, damit sich die Aromen ausbilden konnten. Die Schüssel war auf dem Küchenregal abgestellt und zog natürlich die Naschkatzen an. Wenn es dann ans eigentliche Backen ging, waren so einige Löcher im Teig ...

Dresdner Stollen

FÜR 1 GROSSEN STOLLEN

500 g Mehl, mehr zum Verarbeiten
125 ml lauwarme Milch
1 Würfel frische Hefe (42 g)
75 g Zucker
250 g Butter
40 g Mandeln, gemahlen
30 g bittere Mandeln, gemahlen
1 Prise Salz
75 g Zitronat
250 g Sultaninen

ZUM VERZIEREN

60 g weiche Butter
2 EL Puderzucker

- Das Mehl in eine Schüssel geben und in die Mitte eine Vertiefung drücken. Die Hälfte der Milch mit der zerbröckelten Hefe und 1 Teelöffel Zucker in die Mehlmulde geben und mit etwas Mehl vom Rand zu einem dickflüssigen Teig verrühren. Den Vorteig abgedeckt an einem warmen Ort ohne Zugluft 15 Minuten gehen lassen, bis sich sein Volumen verdoppelt hat.

- Die Butter in der restlichen Milch schmelzen lassen. Mit dem restlichen Zucker, den Mandeln und dem Salz zum Vorteig geben und kräftig kneten. Dann Zitronat und Sultaninen untermischen. Den Teig zu einem länglichen Laib formen und auf einem bemehlten Backbrett 1–2 Stunden wie oben beschrieben gehen lassen.

- Um den Stollen zu formen, mit einer Teigrolle in die Mitte des Teiges der Länge nach eine Rinne drücken, dann eine Teighälfte zu dreiviertel über die andere schlagen (der Stollen bekommt so seine charakteristische Form mit einer hohen und einer flachen Seite). Den Stollen auf ein mit Backpapier belegtes Backblech setzen und weitere 20 Minuten an einem warmen, zugluftfreien Ort gehen lassen. Inzwischen den Backofen auf 180 °C vorheizen.

- Den Stollen 30–40 Minuten backen, dann noch 5 Minuten im ausgeschalteten Backofen ruhen lassen. Noch heiß mit Butter bestreichen und dick mit Puderzucker bestauben.

Früchtebrot

FÜR 1 GROSSE KASTEN-FORM

FÜR DEN TEIG

100 g kandierte Früchte (z.B. Birnen, Pflaumen, Kirschen, Zedrat)
125 g Haselnüsse (oder Walnüsse)
3 Eier
125 g brauner Zucker
250 g Rosinen
100 g Mandelstifte
125 g Zitronat (oder Orangeat), gewürfelt
1–2 TL gemahlener Zimt
½ TL gemahlene Muskatblüte
125 g Weizenvollkornschrot (Type 1700)
½ Päckchen Backpulver
1 Prise Salz
2 EL Rum

ZUM VERZIEREN

15 g ganze geschälte Mandeln
5 kandierte Kirschen

- Den Backofen auf 175 °C vorheizen. Die kandierten Früchte und die Haselnüsse grob hacken. Eier und Zucker in einer Schüssel schaumig rühren. Kandierte Früchte, Haselnüsse, Rosinen, Mandelstifte, Zitronat, Zimt und Muskatblüte unterrühren. Weizenschrot, Backpulver und Salz mischen und zusammen mit dem Rum mit den übrigen Zutaten vermengen.

- Den Teig in die mit Backpapier ausgelegte Kastenform füllen, glatt streichen und mit Kirschen und Mandeln belegen.

- Das Früchtebrot im heißen Ofen etwa 1½ Stunden backen. Nach der Hälfte der Backzeit die Temperatur auf 150 °C reduzieren und das Früchtebrot mit Backpapier abdecken, damit es nicht zu stark bräunt.

- Am Ende der Backzeit das Backpapier entfernen, das Früchtebrot vorsichtig auf ein Kuchengitter stürzen und abkühlen lassen.

Früchtebrot ist lange haltbar. Am besten wickelt man es in Backpapier oder Alufolie, schlägt ein sauberes Geschirrtuch darum und bewahrt es an einem kühlen Ort auf.

Gewürzkuchen

FÜR 1 GROSSE KASTENFORM

FÜR DEN TEIG

250 g weiche Butter, mehr für die Form
250 g Zucker
5 zimmerwarme Eier
250 g Mehl, mehr für die Form
5 g Zimt, gemahlen
5 g Kardamom, gemahlen
2 TL gemischte gemahlene Gewürze (Nelken, Muskatblüte, Ingwer, Koriander, Piment)
1 Prise Salz

FÜR DEN GUSS

100 g Puderzucker
2 EL Rum (oder Wasser, Rosenwasser)

- Den Backofen auf 180 °C vorheizen. Die Butter in einer Schüssel schaumig rühren. 200 Gramm Zucker löffelweise untermischen. Die Eier trennen und das Eigelb nach und nach unter die Butter-Zucker-Masse rühren. Das Mehl mit den Gewürzen und dem Salz vermischen und ebenfalls unterarbeiten.

- Das Eiweiß steif schlagen. Langsam den restlichen Zucker hinzufügen und weiterschlagen, bis der Eischnee sehr fest und glänzend ist. Ein Drittel des Eischnees mit dem Teig verrühren, um ihn aufzulockern, dann vorsichtig den restlichen Eischnee unterheben.

- Den Teig in die gefettete und mit Mehl bestaubte Kastenform füllen und glatt streichen. Im heißen Ofen etwa 1 Stunde backen, dann die Garprobe machen. Dazu ein Holzstäbchen in den Kuchen stecken und wieder herausziehen. Klebt kein Teig daran, ist der Kuchen gar; andernfalls den Kuchen noch ein paar Minuten backen. Den fertig gebackenen Kuchen auf ein Kuchengitter stürzen.

- Den Puderzucker mit dem Rum verrühren und den noch warmen Kuchen damit bestreichen. Den Gewürzkuchen vollständig abkühlen lassen.

Den Gewürzkuchen vor dem Anschneiden 2–3 Tage gut verpackt an einem kühlen Ort ruhen lassen, damit sich das Aroma der Gewürze voll entfalten kann.

Bratäpfel

FÜR 4 PORTIONEN

4 große säuerliche Äpfel (z.B. Boskop)
4 getrocknete Feigen, gehackt (oder Datteln, Aprikosen)
2 EL Walnüsse, gehackt
2 EL Mandeln, gehackt
4 EL Honig
40 g Butter
200 ml Apfelsaft

- Den Backofen auf 150 °C vorheizen. Die Äpfel waschen und das Kerngehäuse mit einem Apfelausstecher entfernen. Die ausgehöhlten Äpfel nebeneinander in eine Auflaufform setzen.

- Die Äpfel mit den Feigen, Walnüssen und Mandeln füllen und jeweils 1 Esslöffel Honig über die Füllung träufeln. Die Butter auf den Äpfeln verteilen.

- Den Apfelsaft in die Form gießen und die Äpfel 45 Minuten im heißen Ofen garen. Zwischendurch mehrmals mit dem Bratensaft begießen.

- Mit einem spitzen Messer prüfen, ob die Äpfel gar sind (sie sollen sehr weich sein). Noch heiß servieren und nach Belieben Vanillesauce (siehe Seite 122) dazu reichen.

Bratäpfel lassen sich ganz nach Belieben füllen. Klassisch ist eine Nussmischung mit Honig, aber auch Marzipan-Rohmasse mit Rosinen und gehackten Mandeln oder eine reine Trockenobstfüllung sind köstlich. Besonders fruchtig schmecken Bratäpfel, wenn die Füllung anstelle von Honig mit etwas Aprikosenkonfitüre beträufelt wird.

Baseler Leckerli

FÜR ETWA 60 STÜCK

375 g Honig
125 g Zucker
375 g Mehl
250 g Mandeln, grob gehackt
je 5 g Nelken, Zimt und Muskatblüte, gemahlen
je 50 g Zitronat und Orangeat
1 Prise Salz
5 EL Kirsch- oder Rosenwasser
5 g Pottasche

AUSSERDEM

Butter und Mehl für das Backblech
100 g Puderzucker, gesiebt
2 EL Kirschwasser

- Honig und Zucker langsam erwärmen, bis der Zucker geschmolzen ist. Mehl, Mandeln, Gewürze, Zitronat und Orangeat sowie Salz mischen. Die warme Honig-Zucker-Masse sowie 4 Esslöffel Kirschwasser unterrühren. Die Pottasche mit dem restlichen Kirschwasser auflösen und ebenfalls zufügen. Alle Zutaten zu einem glatten, dickflüssigen Teig verarbeiten. Über Nacht ruhen lassen.

- Den Backofen auf 180–190 °C vorheizen. Den Teig mit bemehlten Händen etwa 1 Zentimeter dick auf dem gefetteten und mit Mehl bestaubten Backblech verteilen und 15–20 Minuten backen. Er soll kaum bräunen und noch weich sein.

- Den Puderzucker mit dem Kirschwasser glatt rühren und den heißen Kuchen damit bestreichen. Sofort in kleine Rechtecke oder Rauten schneiden. Abkühlen lassen.

Spekulatius

FÜR ETWA 60 STÜCK

300 g Mehl, mehr zum Verarbeiten
150 g brauner Zucker
je ½ TL gemahlene Nelken, Zimt, Kardamom und Ingwer
50 g Mandeln, gemahlen
1 Prise Salz
200 g kalte Butter
1 Ei

- Mehl, Zucker, Gewürze, Mandeln und Salz mischen, auf die Arbeitsfläche häufen. Die gewürfelte Butter darauf verteilen. Mit einem Messer durchhacken, das Ei zufügen und alles schnell zu einem glatten Teig verkneten. In Klarsichtfolie gewickelt 1–2 Stunden kühl stellen.

- Den Teig auf leicht bemehlter Arbeitsfläche 3–4 Millimeter dick ausrollen. Spekulatiusformen mit Mehl bestauben. Den Teig in kleine Rechtecke schneiden, diese in die Formen drücken und überschüssigen Teig abtrennen. Die Formen wenden und die Spekulatius vorsichtig auf zwei mit Backpapier belegte Backbleche stürzen. Kurz kalt stellen. Den Backofen auf 170–180 °C vorheizen. Die Spekulatius 12–15 Minuten backen, bis sie leicht gebräunt sind.

Rezeptregister

Danksagung

Ein herzliches Dankeschön an alle Familienmitglieder und Freunde, die beim Entstehen dieses Buches mitgeholfen haben:

Meinen Geschwistern Toni, Eva und Martin für ihre kulinarischen Erinnerungen und Lieblingsrezepte.

Meinen Söhnen Léo und Vladimir für das Testen aller Rezepte dieses Buches.

Meinem Mann für die Fotos der »Süßen Kindheitsträume«.

Und ganz besonders natürlich meiner Mutter und meinen nun verstorbenen Großmüttern für das Überliefern der Familienrezepte und all die vielen Handgriffe und Küchengeheimnisse, ohne die ein Rezept nicht immer gelingt …

Ein riesiges Dankeschön ebenfalls an meine Freundin Anne Coutant, die mir ihre wunderschönen alten Küchenutensilien, Geschirr, Besteck und Dekomaterial für die Fotos zur Verfügung gestellt hat.

Weiterhin bedanke ich mich für alle guten Tipps und Ratschläge von Tante Heidi, Susanne, Anke, Ulrike, Dagmar und Annegret.

Ulrike Skadow

Ebenfalls erhältlich ...

ISBN 978-3-88472-905-2

ISBN 978-3-86244-090-0

ISBN 978-3-86244-215-7

ISBN 978-3-86244-186-0